編むのが楽しい！

かぎ針編みの花モチーフと小物

成美堂出版

Contents

04　少しの毛糸で編めるかわいい花が好き

30　花モチーフ＆細編みのおしゃれバッグ

36　帽子とおそろい
バッグ・マフラー・コサージュ

40　花モチーフつなぎの
マフラー・ストール・三角ストール

44　手編みの小物で足元を暖かく
ルームシューズとかぎ針編みのくつ下

Let's Try Knitting　編みもの教室

22　ミニブランケット

28　ミニトートバッグの花モチーフ

46　アフリカンフラワーモチーフ

49　作品の作り方

106　かぎ針編みの編み目記号と基礎

P.6
P.7
P.8
P.10
P.11
P.13
P.14
P.16
P.17
P.18
P.20
P.21
P.30
P.31
P.32
P.33
P.33
P.34
P.34
P.35
P.36
P.37
P.38
P.38
P.39
P.40
P.42
P.43
P.44
P.45

少しの毛糸で編める

かわいい花が好き

デザイン　了戒かずこ

Mini Blanket
ミニブランケット

多色使いの花モチーフと
花のつぼみの縁飾りがかわいい
編みやすいミニサイズのブランケット。
この冬は、身も心も温かく過ごせそう。

How to Make ... 50ページ

［使用糸］ユザワヤ　マンセルメリノレインボウ

詳しい編み方
22
ページ

01

02

Flower Hair tie

花飾りヘアゴム

ヘアゴムに可憐な花を飾った
キュートなヘアアクセサリー。
無造作に束ねた髪に
女の子らしい優しさが添えられます。

How to Make ... 52ページ

［使用糸］ユザワヤ　マンセルメリノクイーン、
DMC毛糸刺しゅう糸

Flower Motif Tote Bag

花モチーフのトートバッグ

持っているだけで楽しくなるような
思いっきり明るい雰囲気が魅力の
多色使いの花モチーフつなぎ。
まとめ役の色に選んだ
ローズピンクが決め手です。

How to Make ... 56ページ

［使用糸］ユザワヤ　マンセルメリノレインボウ

03

Multi Cover
マルチカバー

愛らしい花たちを並べたマルチカバー。
小道具入れのカバーなど
気配りのあるおしゃれなインテリアグッズとして
お役立ちのひと品です。

How to Make ... 58ページ

[使用糸] ユザワヤ　マンセルメリノレインボウ

Lacy Stall

レーシーストール

草原に咲く花たちを表現した
花モチーフのレーシーストール。
首元にクシュクシュと巻いてもキュートな
存在感たっぷりの一枚です。

How to Make ... 60ページ

［使用糸］ユザワヤ　マンセルメリノレインボウ

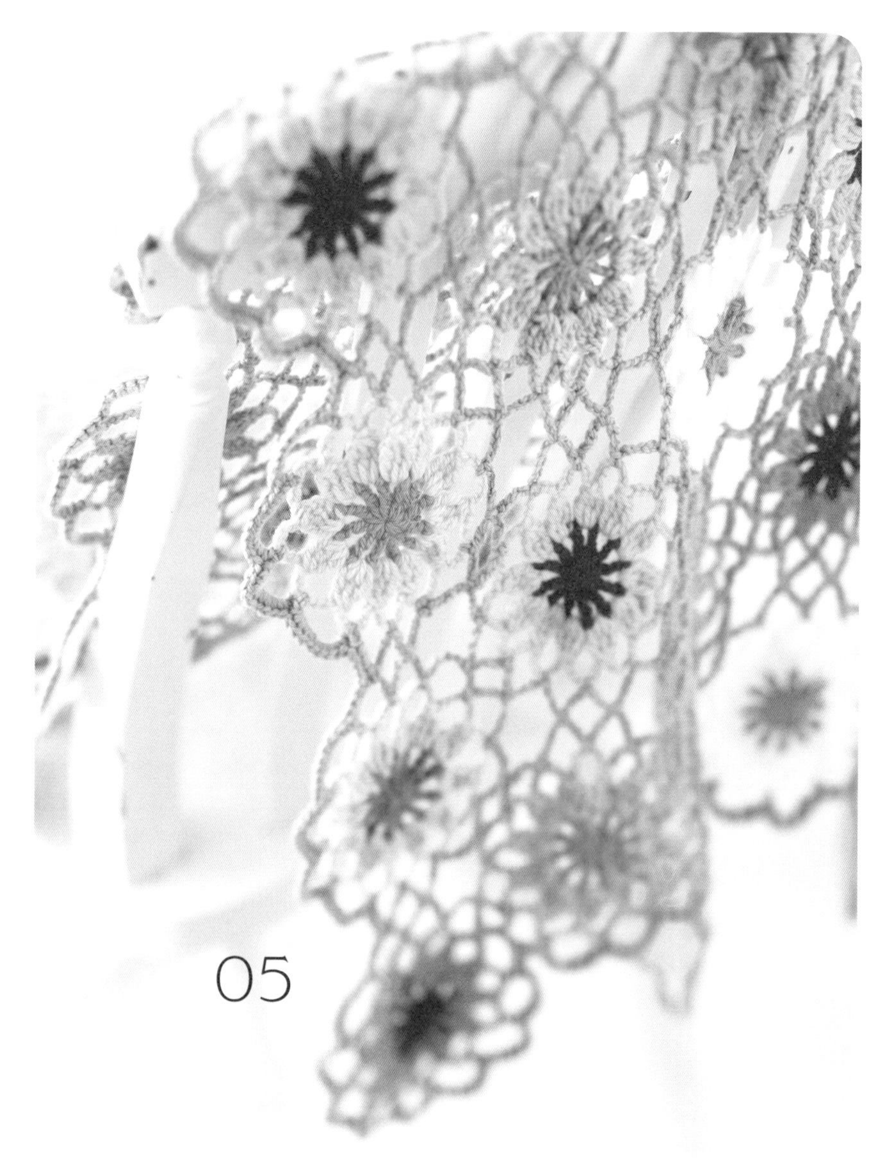

05

詳しい編み方
28
ページ

06

Mini Tote Bag

ミニトートバッグ

ノスタルジックなかぎ針編みの地模様に
ポップな花のあしらいが
とってもかわいい雰囲気。
プラスαの添え方で
バッグの印象がガラリと変わります。

How to Make ... 53ページ

［使用糸］ユザワヤ　マンセルメリノレインボウ

Colorful Motif Cap

花モチーフ帽子

カラフルカラーの花モチーフと
生成りのコントラストがキュートな帽子。
筒状に仕上げて、ポンポンつきのひもで縮める
昔懐かしいクラシック形も新鮮です。

How to Make … 62ページ

［使用糸］ユザワヤ　マンセルメリノレインボウ

Flower Coin Purse

花のお財布

ノスタルジックながま口型の色違い。
細編みでしっかり編んだベースに、毛糸の刺しゅう糸で
満開に咲く花を飾り、ポンポンでかわいさの総仕上げ。

How to Make ... 64ページ

[使用糸] ユザワヤ　マンセルメリノレインボウ、
DMC 毛糸刺しゅう糸

Square motif Blanket

スクエアモチーフブランケット

スクエアモチーフを一枚一枚編みためて
それぞれを巻きかがって完成させた
パッチワーク調のミニブランケット。
残り糸で編める素朴で賢い一枚です。

How to Make … 66ページ

［使用糸］ユザワヤ　マンセルメリノレインボウ

09

Flower Wreath

花飾りリース

待ち焦がれるクリスマスに飾りたい
手編みのリース。
花とどんぐりをぎっしり並べて
我が家自慢のリースを飾ります。

How to Make ... 68ページ

［使用糸］ユザワヤ　マンセルメリノレインボウ、
DMC毛糸刺しゅう糸

10

11

Granny Bag

グラニーバッグ

花のコサージュを飾った
レトロな形のグラニーバッグ。
持ち手に添えた蔓草が
より愛らしさを添えています。

How to Make ... 71ページ

［使用糸］ユザワヤ　マンセルメリノレインボウ

Pair Slippers

花飾りペアスリッパ

市販のスリッパに毛糸の花を飾るだけで
ホットなマイオリジナルに。
季節ごとにあしらいを変えてもいいですね。

How to Make … 74ページ

［使用糸］ユザワヤ　マンセルメリノレインボウ

Small Articles

花刺しゅうの小物入れ

繊細なバラの刺しゅうがポイントの
かわいい蓋つきの小物入れ。
ちょこんと置いてあるだけで
優しい気分に包まれそう。

How to Make ... 76ページ

［使用糸］ユザワヤ　マンセルメリノレインボウ、
DMC毛糸刺しゅう糸

13

Embroidery Coaster

花刺しゅうつきコースター

少しの毛糸で、すぐに編めちゃう
ボーダーコースター。
ミニバラの刺しゅう飾りがポイントです。

How to Make ... 78ページ

［使用糸］ユザワヤ　マンセルメリノレインボウ、
DMC毛糸刺しゅう糸

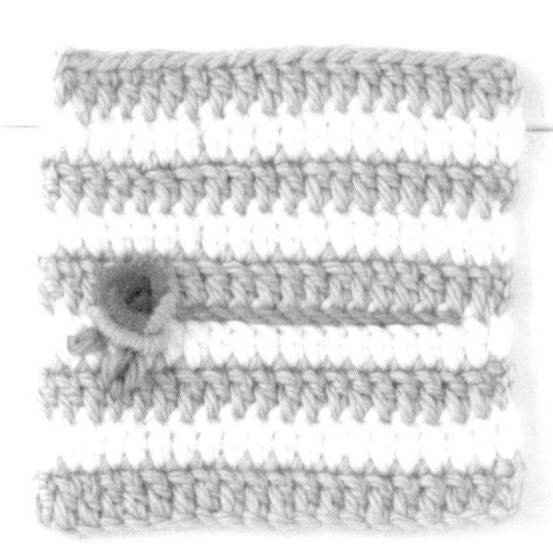

15

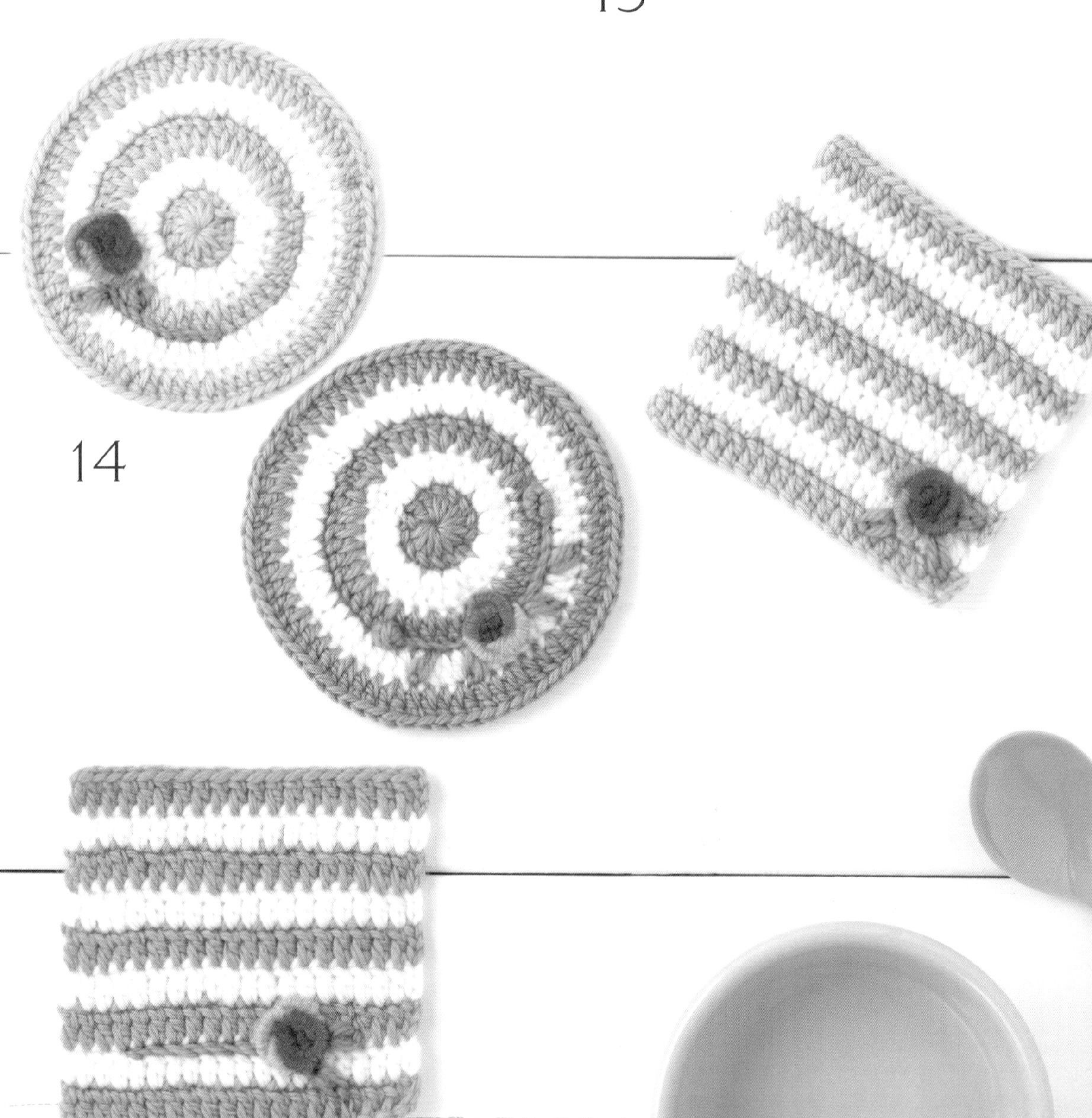

14

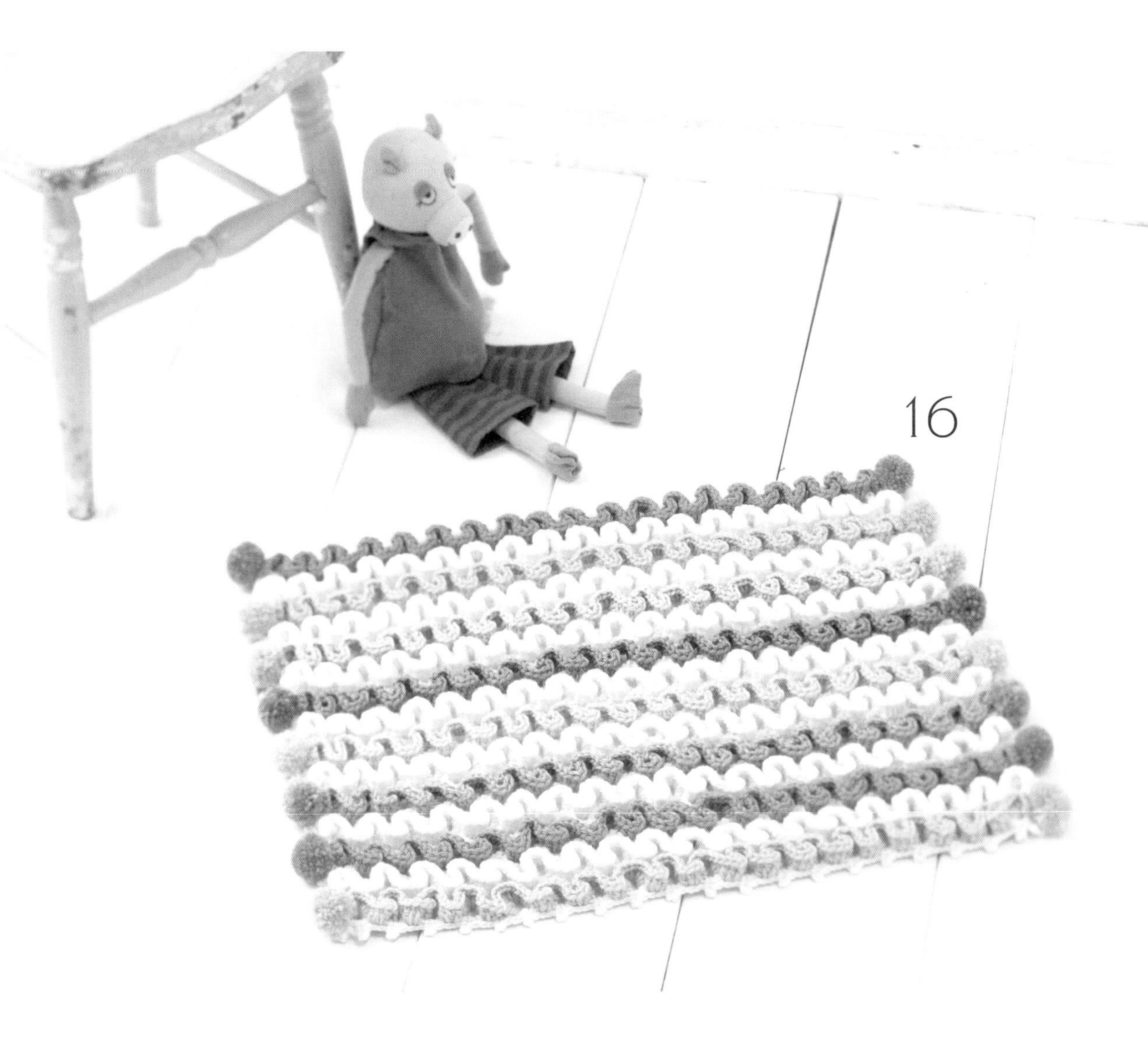

Frill Border Mini Rug

フリルボーダーのミニラグ

ほどよい厚みを持たせたいラグ。方眼編みの土台にフリルを
立体的に編みつけます。優しい色合いと楽しいポンポン飾りがおしゃれ。

How to Make ... 75ページ

［使用糸］ユザワヤ　マンセルメリノレインボウ

Let's Try Knitting

編みもの教室

作品 01 ▸▸▸ P.4

▸▸▸ P.4

ミニブランケット

モチーフつなぎのブランケットの
詳しい編み方を解説します。モチーフAは
花びらが立体的になるモチーフです。

★ 用意するもの・編み方図・モチーフの配色は
50・51ページにあります。

モチーフA

糸輪の作り目

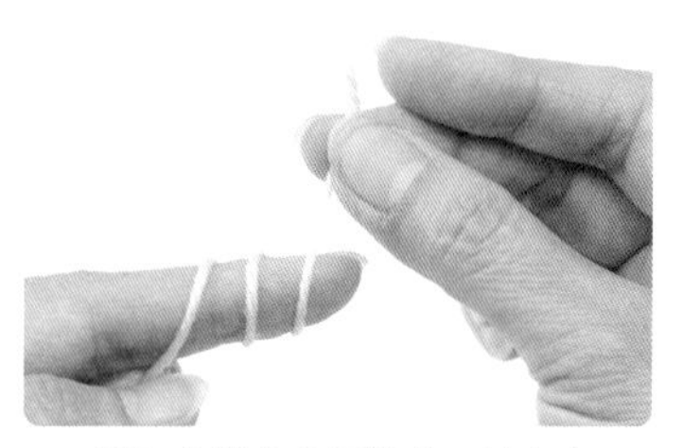

1 指に糸端を2回巻きつけます。

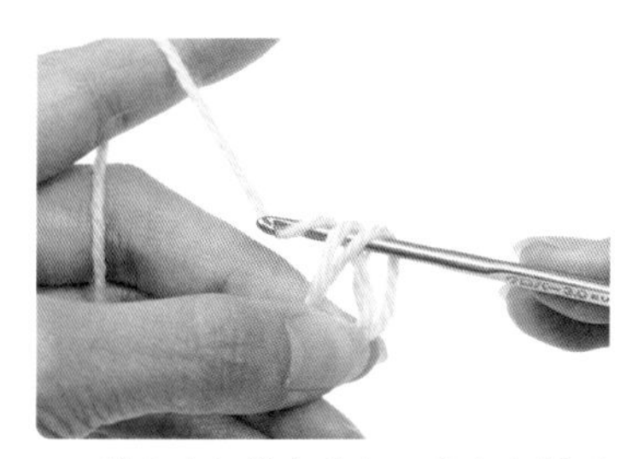

2 輪の中に針を入れ、糸をかけて引き出します。

〈1段め〉

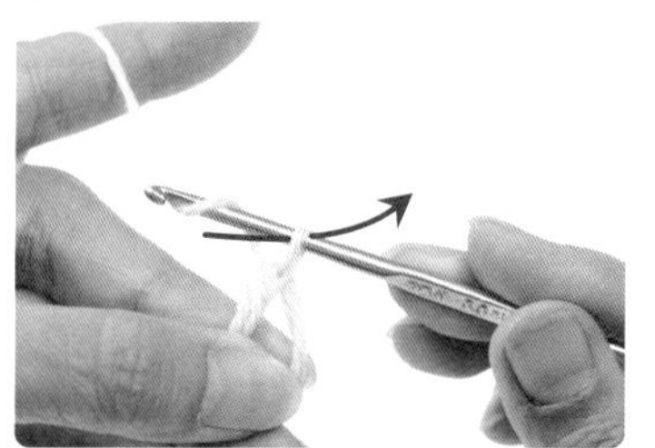

3 さらに糸をかけて引き抜き、鎖1目で立ち上がります。

4 輪の中に針を入れて細編みを編みます。

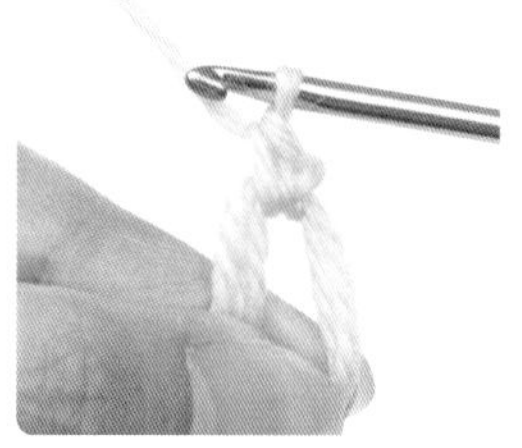

5 くり返して細編みを6目編みます。

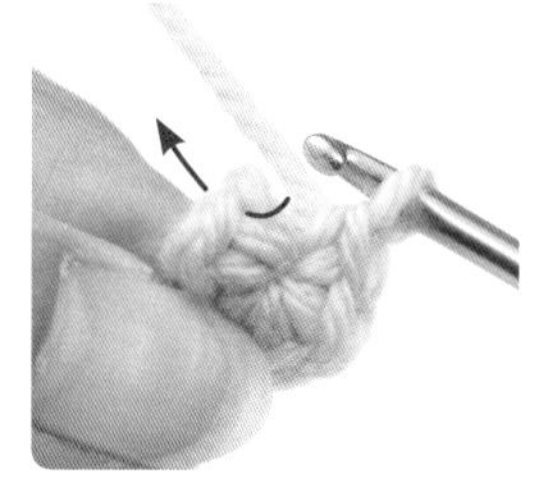

6 糸端を引き締め、最初の目に針を入れて糸をかけて引き抜きます。

7 1段めが編めました。

〈2段め〉

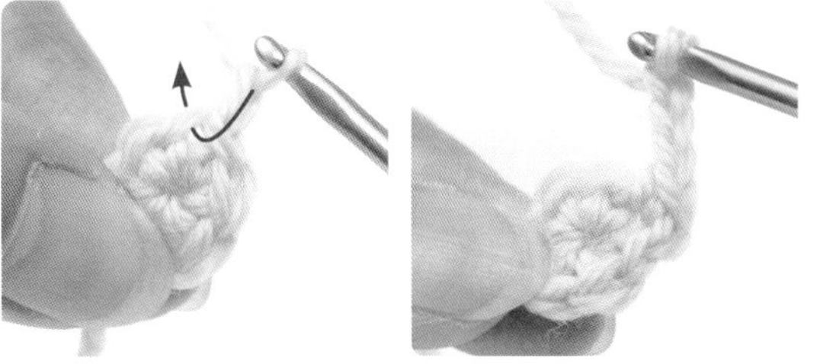

8 鎖1目で立ち上がり、前段で引き抜いた目に矢印のように針を入れて細編み1目と鎖3目を編みます。

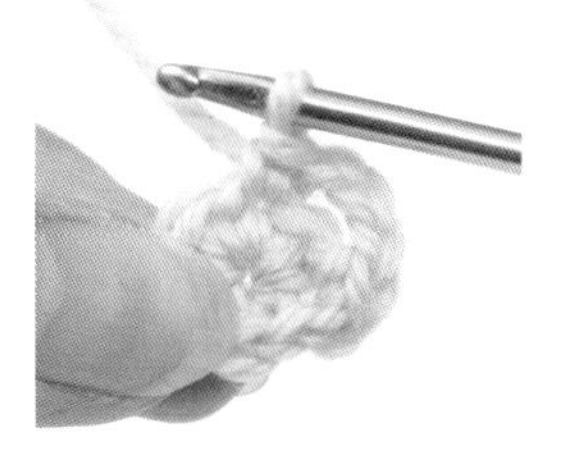

9 1目とばして細編み1目、鎖3目を編みます。これをくり返します。

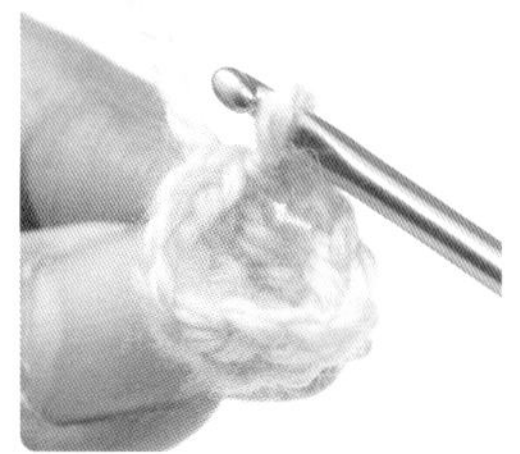

10 最初の目に引き抜き、糸を切ります。2段めが編めました。

〈3段め〉

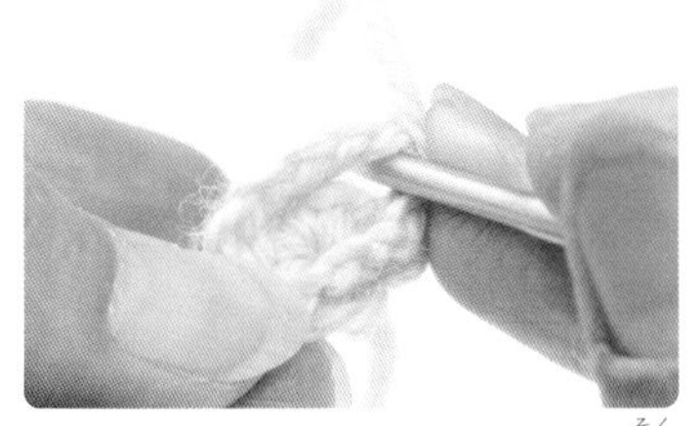

11 前段の鎖3目の下に針を束（そく）（110ページ参照）に入れます。

12 配色糸にかえて糸をかけて引き出し、立ち上がりの鎖1目を編みます。

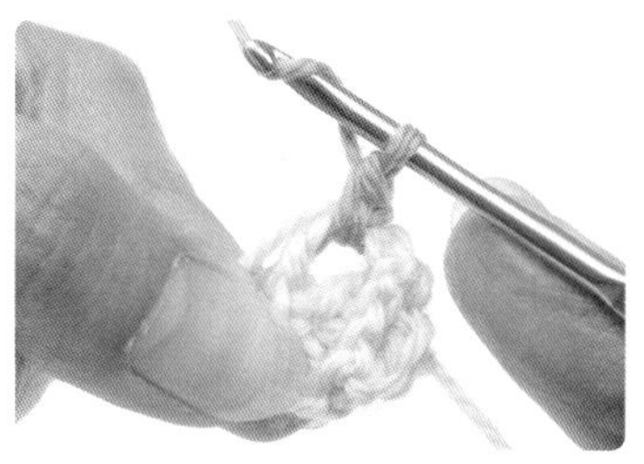

13 細編みを1目編み、針に糸をかけて中長編みを編みます。

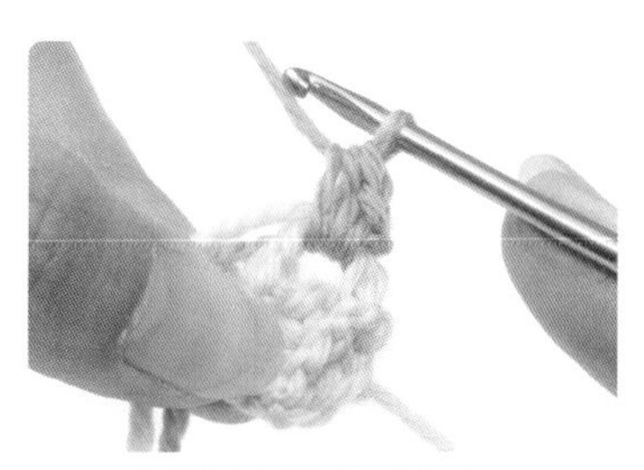

14 中長編みが編めました。

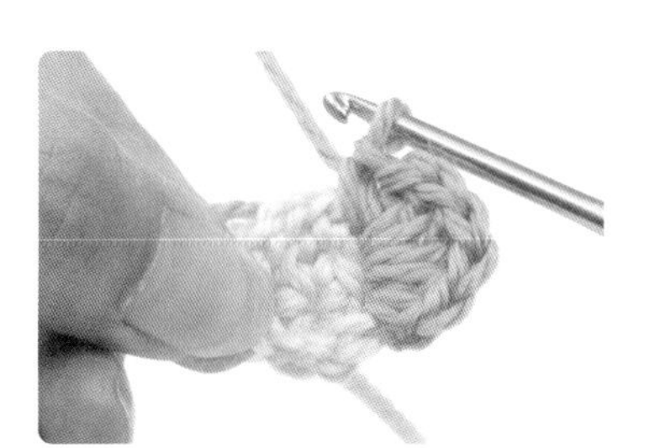

15 記号図どおり細編みまで編み、これをくり返します。

16 最初の目に引き抜き、3段めが編めました。

〈4段め〉

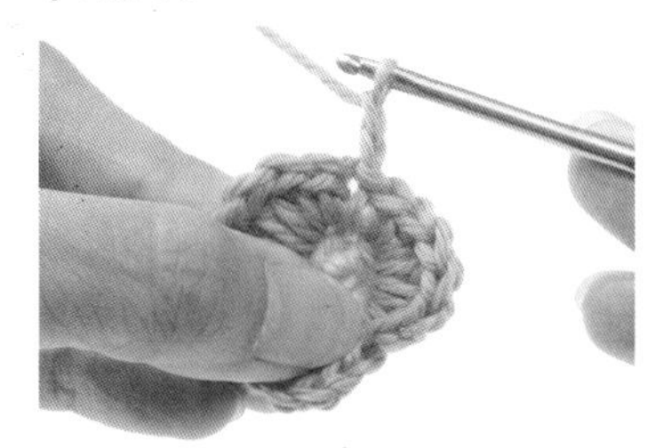

17 鎖2目で立ち上がります。

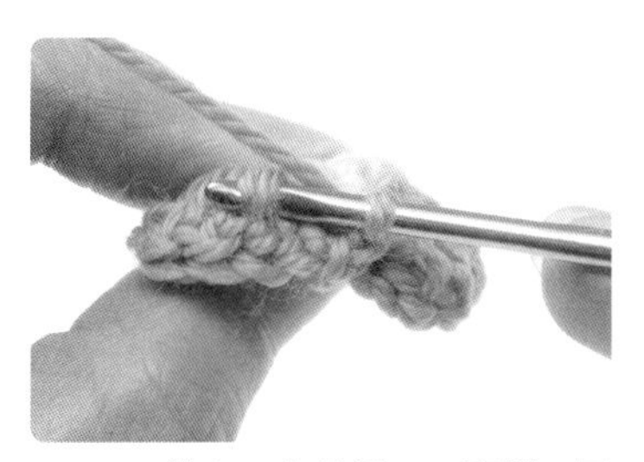

18 3段めの中長編みの裏側の足を束に拾います。

19 細編みを編みます。

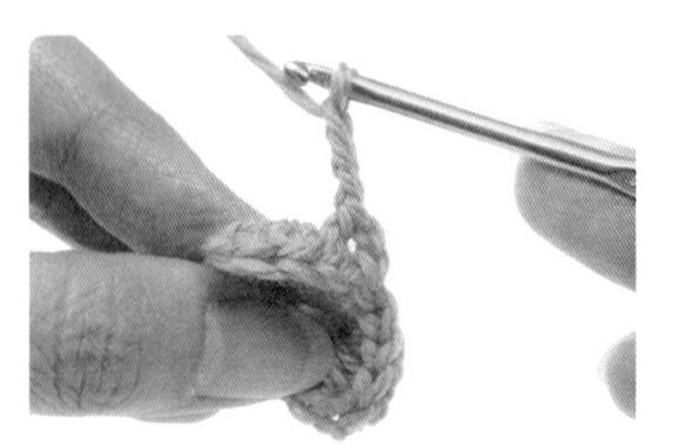

20 鎖3目を編みます。

21 18と同様に中長編みの裏側の足を束に拾って細編みを編みます。

22 くり返して1周し、最初の目に引き抜きます。写真は裏から見たところ。

〈5段め〉

23 鎖1目で立ち上がり、4段めを束に拾って記号図どおり1周編みます。

24 最初の目に引き抜き、5段めが編めました。6・7段めを記号図どおり編みます。

25 7段めまで編めました。糸を切ります。

〈8段め〉

26 7段めの長編みに針を入れます。

27 配色糸にかえて糸をかけて引き出します。立ち上がりの鎖1目を編みます。

28 27と同じ目に針を入れて、細編み1目を編みます。

29 鎖5目を編み、針に糸を2回かけます。

30 前段の長編みに針を入れ、針に糸をかけて引き出します。

31 針に糸をかけて、2ループを引き抜きます。

32 さらに糸をかけて、2ループを引き抜きます。

33 未完成の長々編みが編めました。

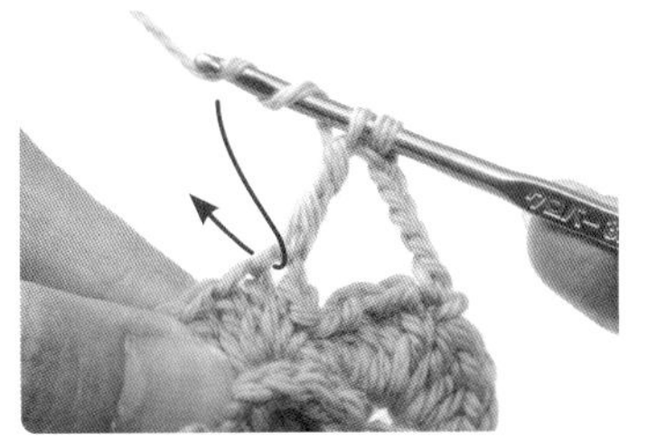

34 同じところに針を入れて、未完成の長々編みをあと2目編みます。

35 3目が編めたところです。針に糸をかけて一度に引き抜きます。

36 長々編み3目の玉編みが編めました。

37 記号図どおり1周編み、最初の目に引き抜きます。

38 8段めが編めました。糸を切ります。

〈9段め〉

39 前段で引き抜いた目に針を入れます。

40 配色糸にかえて鎖3目で立ち上がり、同じ目に針を入れて長編み2目を編みます。

41 次の長編み3目は束に拾って編みます。

42 束に拾って編んだところです。くり返して1周します。

43 9段めが編めました。糸を切ります。

〈10段め〉

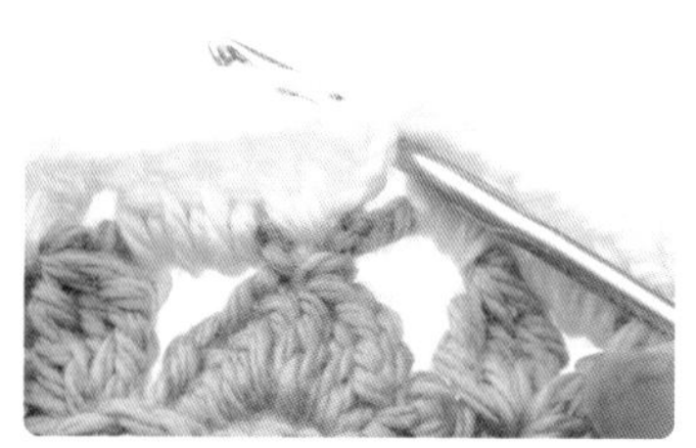

44 前段の長編みと長編みの間に針を入れて、配色糸を引き出します。

45 鎖3目で立ち上がり、目と目の間を束に拾って記号図どおり1周します。

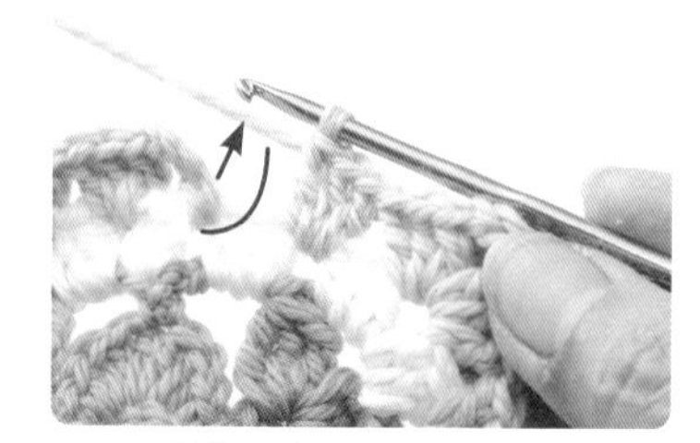

46 最後は立ち上がりの鎖3目と同じ位置に長編みを2目編みます。

47 立ち上がりの鎖3目めに糸をかけて引き抜きます。

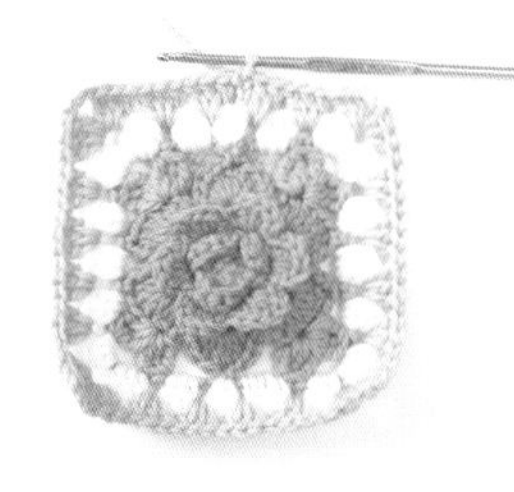

48 10段めが編めました。

〈11段め〉

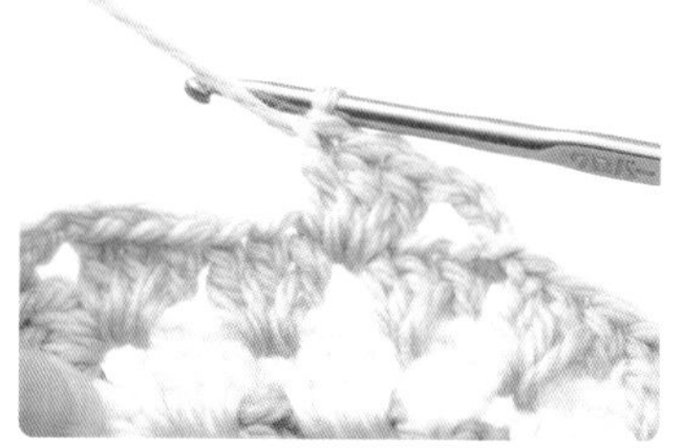

49 鎖3目で立ち上がり、束に拾って10段めと同じ要領で1周します。

糸始末

50 最初の目に引き抜き、糸を切ります。指定の配色でAモチーフの必要枚数を編みます。

51 とじ針に糸を通して糸を割るように3・4目くぐらせ、その横を逆方向に同様にくぐらせます。

モチーフB

Bモチーフを指定の配色で記号図どおりにAモチーフと同様に必要枚数を編みます。

モチーフを巻きかがりでつなぐ

1 角の鎖編みの半目に糸を通します。

※つなぐ糸はモチーフ最終段のどちらかの色を使います（写真では色をかえています）。

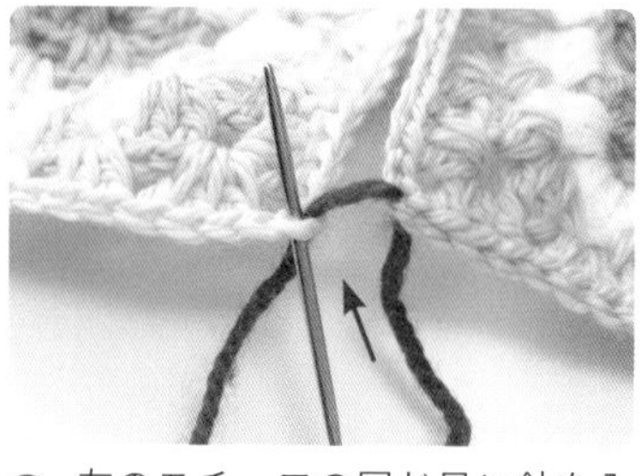

2 左のモチーフの同じ目に針を入れます。

3 右・左モチーフとも鎖の外側半目、長編みの頭も外側半目をすくいます。

4 1針ごとに糸を引きながら、かがっていきます。

5 横方向にかがったら、たて方向も同様にかがり、角は穴があかないように糸端の始末をします。

縁編み

1 鎖5目編み、鎖3目で立ち上がります。

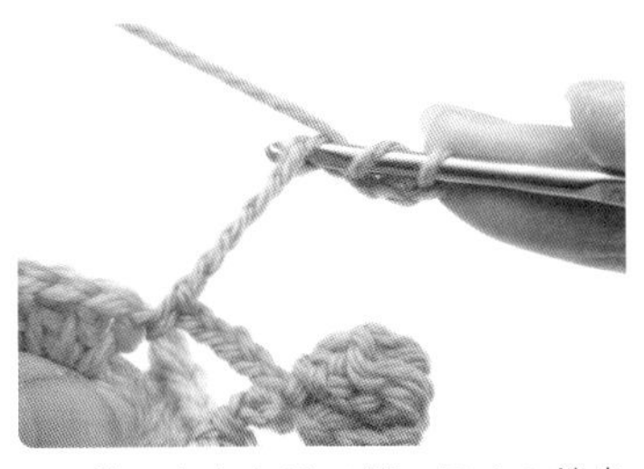

2 針に糸をかけて鎖5目めの鎖半目と裏山に針を入れます。

3 未完成の長編みを3目編み、針に糸をかけて一度に引き抜きます。

4 長編み3目の玉編みが編めました。

5 鎖4目を編み、針に糸をかけて1目めの鎖に針を入れます。

6 未完成の長編みを3目編み、針に糸をかけて一度に引き抜きます。

7 2と同じ目に針を入れて糸をかけて引き抜きます。

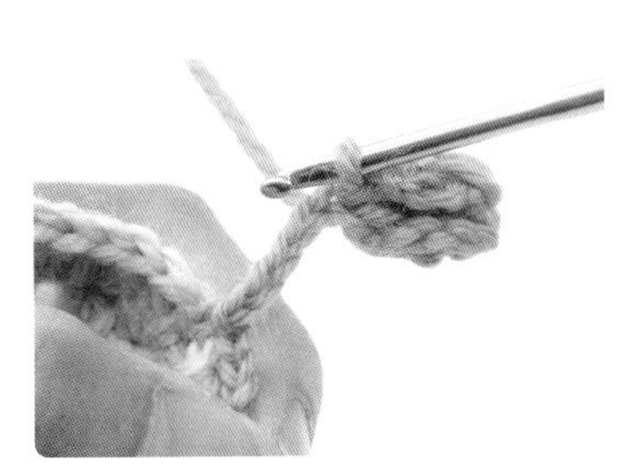

8 玉編みが編めました。

9 鎖5目編み、長編みと長編みの間に針を入れ、細編み1目を編みます。

10 くり返して1周し、最初の目に引き抜きます。縁編みが編めました。

作品 06 ▸▸▸ P.11

ミニトートバッグの花モチーフ

花モチーフA·B·Cの詳しい編み方を
解説します。中央の立体的な花弁は、
配色糸をつけてモチーフの1段めから拾います。

★ 用意するもの・編み方図・モチーフの配色は
53～55ページにあります。

〈1段め〉

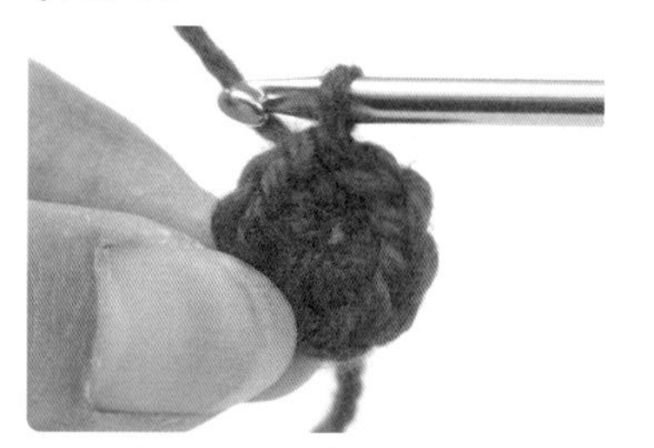

1 糸輪の作り目（106ページ参照）をして鎖1目で立ち上がり、細編み10目を編み、最初の目に引き抜いて糸を切ります。

〈2段め〉

2 細編みの頭向こう側半目に針を入れます。

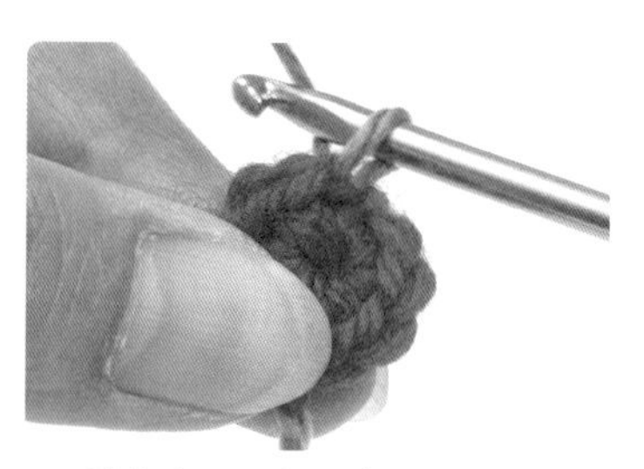

3 配色糸にかえて糸をかけて引き出します。

4 鎖5目を編み、針に糸を2回かけます。

5 2と同じ目に針を入れて、糸を引き出し、2ループを引き抜きます。

6 さらに糸をかけて2ループを引き抜きます。

7 未完成の長々編み1目が編めました。次の目を同様に拾って2目編みます。

8 未完成の長々編み３目が編めました。糸をかけて４ループを引き抜きます。

9 引き抜いたところです。続けて鎖５目を編み、次の目の向こう側半目に引き抜きます。

10 １模様が編めました。４～９をくり返します。

11 最初の目に引き抜き、糸を切ります。

12 ２段めが編めました。

中央の花弁

13 １段めの細編みの半目に針を入れます。

14 配色糸にかえて針に糸をかけて引き出します。

15 鎖５目を編みます。

16 １目とばして細編みの半目に針を入れて引き抜きます。

17 15･16をくり返して１周編み、最初の目に引き抜きます。

18 15cmくらい残して糸を切ります（この糸でバッグに縫いとめます）。

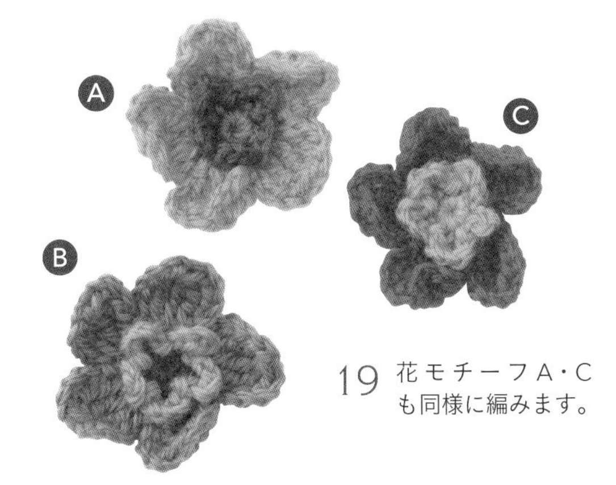

19 花モチーフA･Cも同様に編みます。

花モチーフ＆細編みの

おしゃれバッグ

Flower Motif Granny Bag

花モチーフのグラニーバッグ

デザイン　河合真弓

編むだけでカラフルモチーフに仕上がる段染め糸使用のポップなバッグ。
スクエア型のモチーフをダイヤ形につなぎ合わせます。

How to Make ... 80ページ

立体感のある花モチーフを
つなぎ合わせた
作品17と同じ形の糸違い。
コーディネートしやすい
シックな４色使いが魅力です。

How to Make ... 80ページ

18

Hexagonal Motif Bag

六角モチーフバッグ

デザイン　越膳友香

19

秋冬らしい色合いと
ウッドハンドルの組み合わせ方が
おしゃれなトートバッグ。

How to Make ... 86ページ

［使用糸］ユザワヤ　マンセルメリノレインボウ

20

ニュアンスある糸味の
リリヤーンでバイカラーの
モチーフつなぎに。
革の持ち手のアクセントも素敵です。

How to Make ... 86ページ

3D Motif Bag

立体モチーフバッグ

デザイン　せばたやすこ

コロンとしたかわいい形が人気の
グラニーバッグ。2色2種のモチーフを
交互につなぎ合わせて仕上げます。

How to Make ... 88ページ

21

22

ロングピッチ段染めの
ブルー系で花芯を
ピンク系で花びらを編み
最後は単色糸で編みつないでいく
細部にこだわったデザイン。

How to Make ... 88ページ

Round Bag
ラウンドバッグ

デザイン　河合真弓

23

ミックスカラーのファンシーヤーンを
細編みでかっちり編み上げ
別糸の単色糸でフリンジ飾りをプラス。
使い勝手のいい形のバッグです。

How to Make ... 90ページ

24

作品23を小ぶりにしたミニバッグ。
黒白バイカラーのシャープさが
素敵なデザイン。

How to Make ... 90ページ

Round Bottom Bag

円形底のバッグ

デザイン　みさお

25

単色３色と段染め１色を組み合わせた
エスニック調のバッグ。
編み込み風に見えるところが段染め糸です。

How to Make ... 92ページ

26

円形底がキュートな
バケツ型のショルダーバッグ。
シンプルに編むだけでかわいい表情になる
段染めファンシーヤーンも素敵。

How to Make ... 92ページ

帽子とおそろい

バッグ・マフラー・コサージュ

Hand Knit Braided Hat & Bag 編み込みの帽子とバッグ

デザイン　みさお

27

2羽のツバメと
ダイヤ模様を描いた
編み込み柄が素敵なひと揃い。
シックなモノトーンの
おしゃれ感にも惹かれます。

How to Make ... 83ページ

［使用糸］ダイヤモンド毛糸
ダイヤエポカ

作品27と基本は同じ編み方の色違い。
帽子のトップはポンポンを飾り
バッグの持ち手は市販の合皮を利用。
帽子とバッグをセットアップにすると
コーディネートしやすくなります。

How to Make ... 83ページ

［使用糸］ユザワヤ　マンセルメリノレインボウ

28

Hand Knit Cloche

手編みのクロッシュ

デザイン　Sachiyo ＊ Fukao

29

斜めに走るトップの模様編みが
おしゃれなクロッシュ。
コサージュつきでかぶれば
フェミニンな印象。
外すとシャープな雰囲気に。

How to Make ... 94ページ

30

作品29と同じ型でブリム幅を
細くしたクロッシュ。
共糸のマフラーは
両端をボタンでとめれば
スヌードにもなる
賢いツーウエイ。

How to Make ... 94ページ

Cap & Cloche

キャップ&クロッシュ

デザイン　Sachiyo ＊ Fukao

31

トップの玉編み模様の編み地が
おしゃれなキャップ。
多色段染めの
色合いも素敵です。

How to Make ... 96ページ

32

作品31と同じトップで
ブリムつきにしたクロッシュ。
共糸のコサージュは、
帽子につけたり
使い方は自由自在。

How to Make ... 96ページ

花モチーフつなぎの

マフラー・ストール・三角ストール

African Flower Motif
アフリカンフラワーモチーフ

デザイン　Sachiyo＊Fukao

アフリカンフラワーモチーフは丸い花びらが特徴の多色使いのモチーフで
目数により五角形や八角形に変形できます。
モチーフ回りの編み方とつなぎ方配色の組み合わせ方を変えたマフラーとミニバッグ。

How to Make ... 98ページ

33
詳しい編み方
46
ページ
34

Flower Motif Stall
花モチーフストール

デザイン　河合真弓

多色のカラフルモチーフを
シックな黒でつないだストール。
存在感ある一枚なので
おしゃれポイントとしてもおすすめ。

How to Make ... 100ページ

35

Triangle Stall

三角ストール

デザイン　河合真弓

大輪の花モチーフで構成した
ナチュラルカラーの三角ストール。
流行に左右されない定番アイテムは
上質糸を使って長く愛用する一枚に。

How to Make ... 102ページ

36

手編みの小物で足元を暖かく

ルームシューズと かぎ針編みのくつ下

Room Shoes ルームシューズ

デザイン　河合真弓

民族調の素朴さとナチュラルカラーのモダンさを持ち合わせた
おしゃれなルームシューズ。モチーフをあとからはぎ合わせます。

How to Make ... 101ページ

Hand Knit Socks 手編みのくつ下

デザイン　河合真弓

初心者にも編みやすいかぎ針編みのくつ下。
作品38・39は仕上がり23cmのレディースサイズ。
40は仕上がり15cmの子供サイズです。

How to Make … 104ページ

［使用糸］39：オリムパス　メイクメイクソックス ドゥ

Let's Try Knitting

編みもの教室

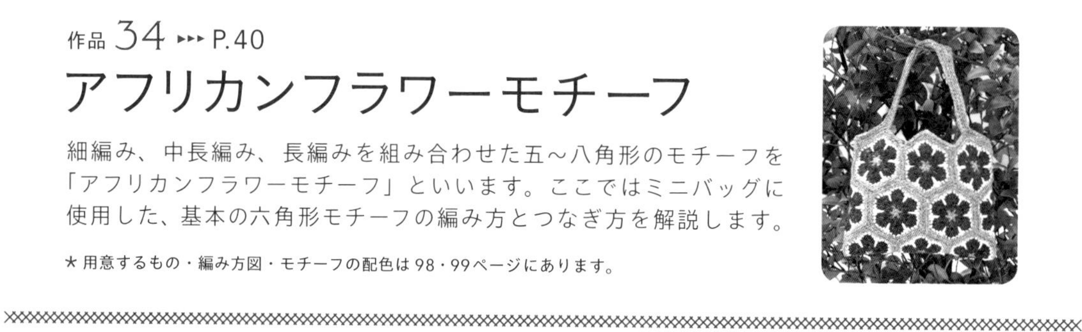

作品34 ▸▸▸ P.40

アフリカンフラワーモチーフ

細編み、中長編み、長編みを組み合わせた五～八角形のモチーフを「アフリカンフラワーモチーフ」といいます。ここではミニバッグに使用した、基本の六角形モチーフの編み方とつなぎ方を解説します。

★用意するもの・編み方図・モチーフの配色は98・99ページにあります。

六角形モチーフ

〈1段め〉

1 糸輪の作り目にし、立ち上がりの鎖1目を編んだら、細編み1目と鎖2目を6回くり返します。

2 糸輪の糸端を引いて輪を締めたら、1目めの細編みの頭に針を入れて引き抜き、糸を切ります。

〈2段め〉

3 1段めの鎖2目の下の空間に針を入れて次の配色糸を引き出します。

4 鎖3目を編み、糸端をくるみながら同じところに長編み1目、鎖1目、長編み2目を編みます。次からは「長編み2目・鎖1目・長編み2目」をくり返し、編み始めに引き抜きます。

〈3段め〉

5 前段の長編み、鎖1目にそれぞれ引き抜き編みをしたら、鎖3目で立ち上がり、長編み5目を編みます。次からは「長編み6目」をくり返します。

6 最後は編み始めに針を入れ、3段めの糸を手前から針にかけて次の配色糸を引き出します。

〈4段め〉

7 鎖1目で立ち上がり、1目ずつ細編みを編みますが、角の目には細編み2目を編み入れます。

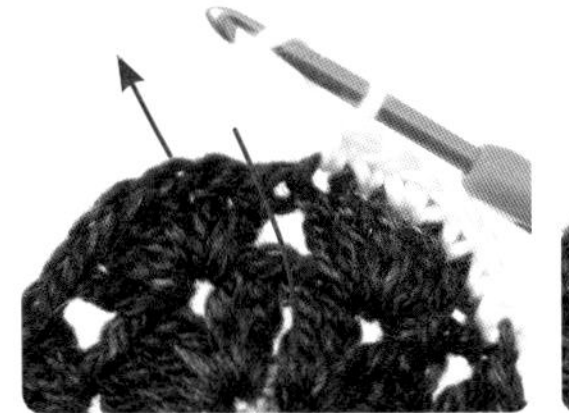
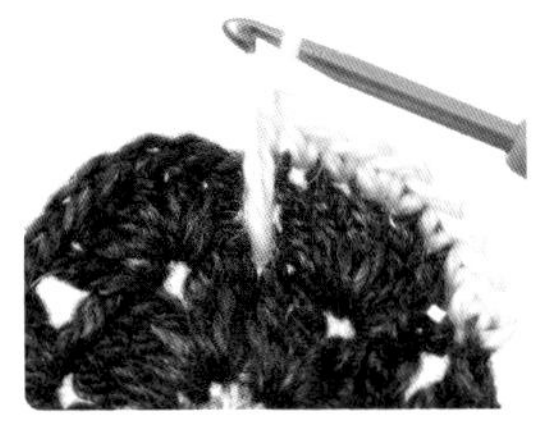

8 中長編みは、2段めの長編みと長編みの間に針を入れて、2、3段めをくるむようにして編みます。
※糸は長めに引き出し、きつくならないよう注意。

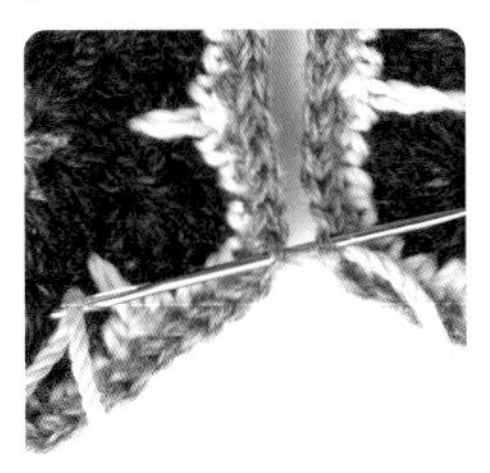

9 細編みと中長編みをくり返し、編み始めに引き抜いて糸を切ります。

〈5段め〉

10 角の1目めに針を入れ、次の配色糸を引き出します。

11 鎖1目で立ち上がり、角は細編み3目、そのほかは細編みを2目ずつ編みます。

モチーフのつなぎ方

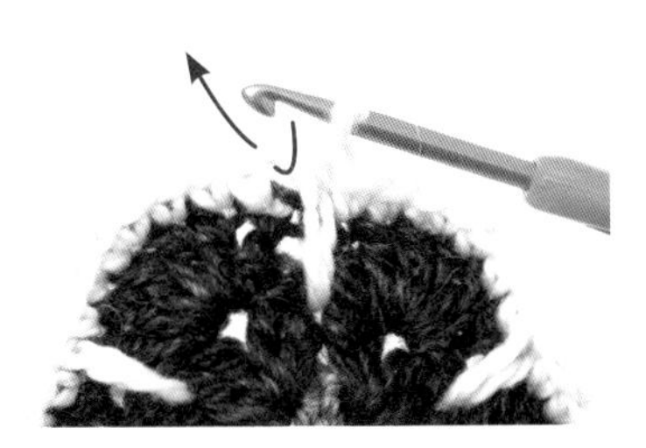

1 一辺ずつ巻きはぎ（半目）でたてのラインからつなぎます。モチーフを突き合わせて角から糸を出し、外側の半目をすくっていきます。始めと終わりは糸を2回通します。

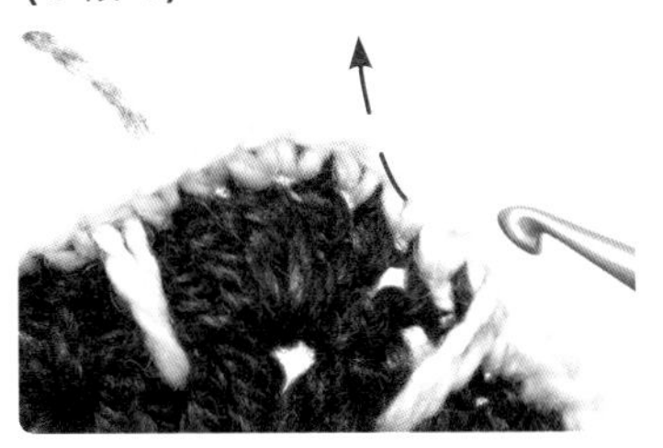

2 たてのラインがつながったら、次は横のラインをつなぎます。

3 1目ずつすくっていきますが、角の部分は◆の目にもう一度針を入れ、次のモチーフをつなぎます。

4 角の部分がつながったところ。
※角が丸くならないように注意。

脇底のつなぎ方

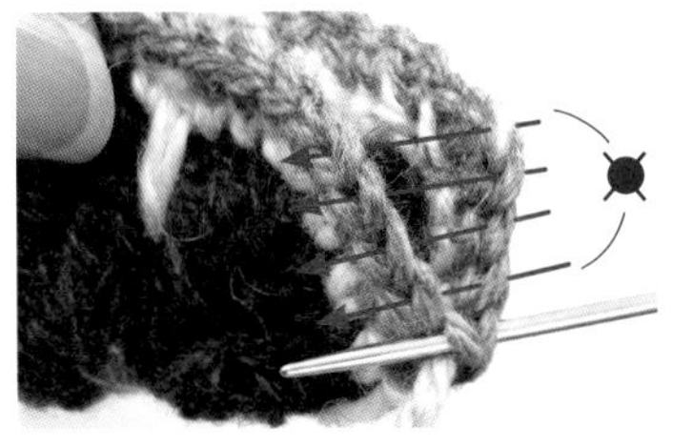

1 底のモチーフ3枚をたてにつなげたら半分に折り、脇（✖）を1目ずつはぎ合わせます。

2 次のモチーフの角の目をすくい、手前の角の目（◉）をもう一度すくいます。続けて横にはぎ合わせます。

How to make

作品の作り方

● この本では、編み方図を見やすくするために、図の途中での
糸をつける・糸を切る（◁・◀）記号を省略している所があります。

● 新しい色にかえる場合は、編み終わりの糸は糸始末分を残して切り
新しい糸をつけて編んでください。
また、2・3段ごとにくり返して編む色の場合は
糸は切らずにいったん編み地の向こう側に糸を置いて休めておき
編む段でその糸を引き上げて（糸がたてに渡る）編んでください。

● 糸端の始末は、裏で同色系の編み目にくぐらせて始末をします。

● 本誌は、先に出版した本の人気作品をまとめた一冊のため
糸名を表記していない作品は、使用した糸がすでに廃番になっています。
その場合は、作品と同じ糸の太さとタイプを表記しているので
表記と同タイプの糸を選ぶと、仕上がり寸法がほぼ同じになります。

01 ミニブランケット

▸▸▸ P.4

糸 ユザワヤ マンセルメリノレインボウ（30g巻・約66m…並太タイプ）のピンク（124）150g、赤（10）・若草色（55）・水色（79）各100g、レモン色（46）・生成り（143）各80g

針 6/0号・5/0号かぎ針

でき上がり寸法 93.5 × 81cm

編み方ポイント

- モチーフA・Bは、糸輪の作り目で編み始めます。指定の配色で指定枚数を編みます。
- モチーフを配置して、横方向に巻きかがりでつなぎます。かがる糸は、モチーフの最終段のどちらかの色を使います。横方向にかがったら、たて方向も同様にかがります。角は穴があかないように糸端の始末をします。
- 縁編みはピンクで1段編みます。

＊詳しい編み方は、22ページからの編みもの教室を参照してください。

モチーフの配置図と縁編み

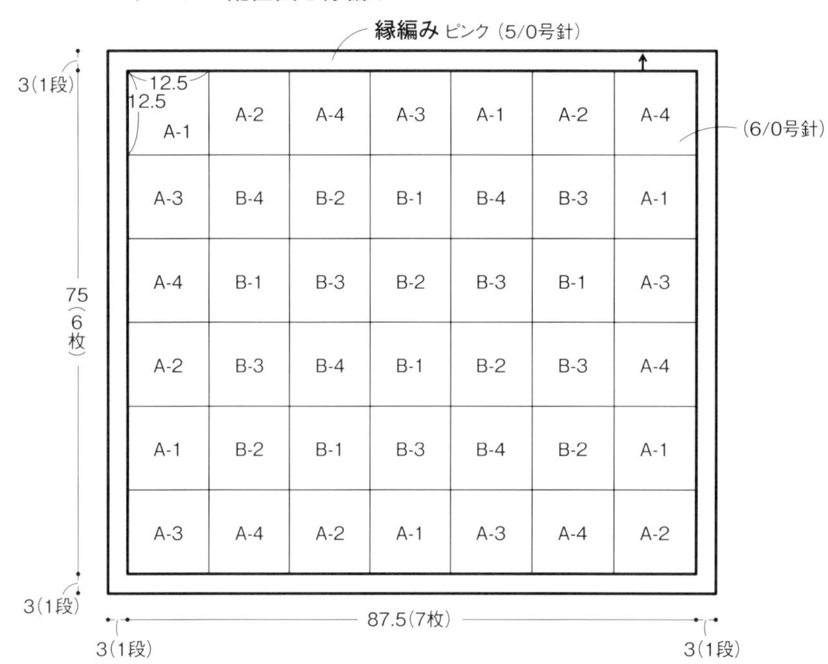

記号の編み方は
「編み目記号と基礎」を
参照してください

- ○ ＝ 鎖編み
- × ＝ 細編み
- ● ＝ 引き抜き編み
- T ＝ 中長編み
- 長編み記号 ＝ 長編み
- ＝ 長編み3目の玉編み
- ＝ 長々編み3目の玉編み

縁編み（フリンジ）の編み方図

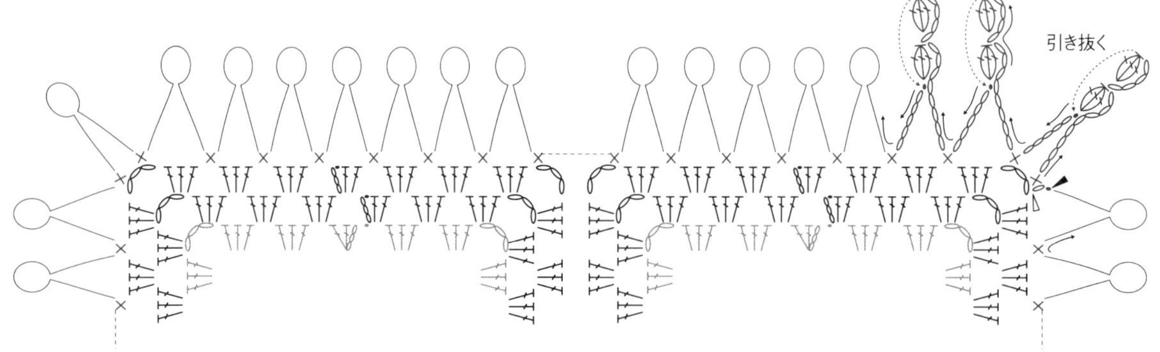

モチーフA

⊗ ＝前段の[長編み記号]の裏側の足を拾う

⊗ ＝前段の[長々編み記号]の裏側の足を拾う

◁ ＝ 糸をつける

◀ ＝ 糸を切る

モチーフAの配色

A-1 6枚

10段・11段	赤
9段	生成り
8段	若草色
3段〜7段	水色
1段・2段	レモン色

A-2 5枚

10段・11段	ピンク
9段	生成り
8段	若草色
3段〜7段	レモン色
1段・2段	赤

A-3 5枚

10段・11段	水色
9段	生成り
8段	若草色
3段〜7段	ピンク
1段・2段	レモン色

A-4 6枚

10段・11段	レモン色
9段	生成り
8段	若草色
3段〜7段	赤
1段・2段	レモン色

モチーフB

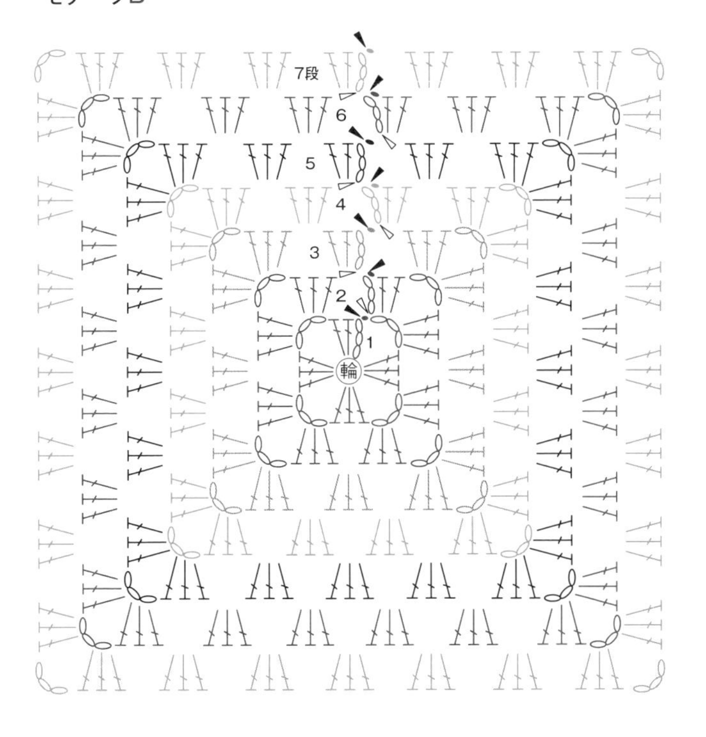

モチーフBの配色

B-1 5枚

7段	赤
6段	若草色
5段	ピンク
4段	赤
3段	生成り
2段	水色
1段	レモン色

B-2 5枚

7段	ピンク
6段	生成り
5段	若草色
4段	ピンク
3段	赤
2段	レモン色
1段	水色

B-3 6枚

7段	水色
6段	若草色
5段	生成り
4段	水色
3段	ピンク
2段	赤
1段	若草色

B-4 4枚

7段	レモン色
6段	水色
5段	生成り
4段	レモン色
3段	若草色
2段	赤
1段	ピンク

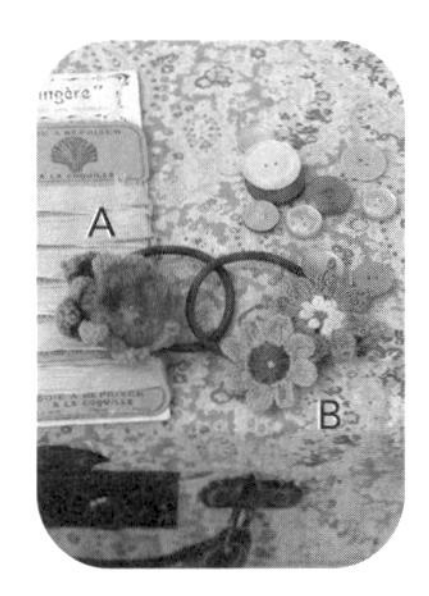

02 花飾りヘアゴム

▸▸▸ P.6

毛糸刺しゅう糸

AにDMC Art.486［8m束］のピンク（7804）1/2束、薄いグリーン（7344）・赤（7666）1/3束、濃いイエロー（7785）少々

糸 Bにユザワヤ マンセルメリノクイーン（30g巻・約139m…中細タイプ）の赤（1005）・からし色（1019）・ピンク（1057）・ブルー（1039）・ラベンダー（1049）・オフホワイト（1074）各10g

針 A 5/0号かぎ針　B 3/0号かぎ針

その他 ヘアゴム（内径約5.5cm）を各1個
縫い糸

でき上がり寸法 図参照

編み方ポイント

- A・Bの花モチーフは糸輪の作り目、Aの葉のモチーフは鎖編みの作り目にし、それぞれ図のように編みます。
- Aは花モチーフの裏側中央に糸端で葉のモチーフをとめつけます。
- A・Bともに花モチーフの裏側中央に縫い糸でヘアゴムをとめつけます。

花 A

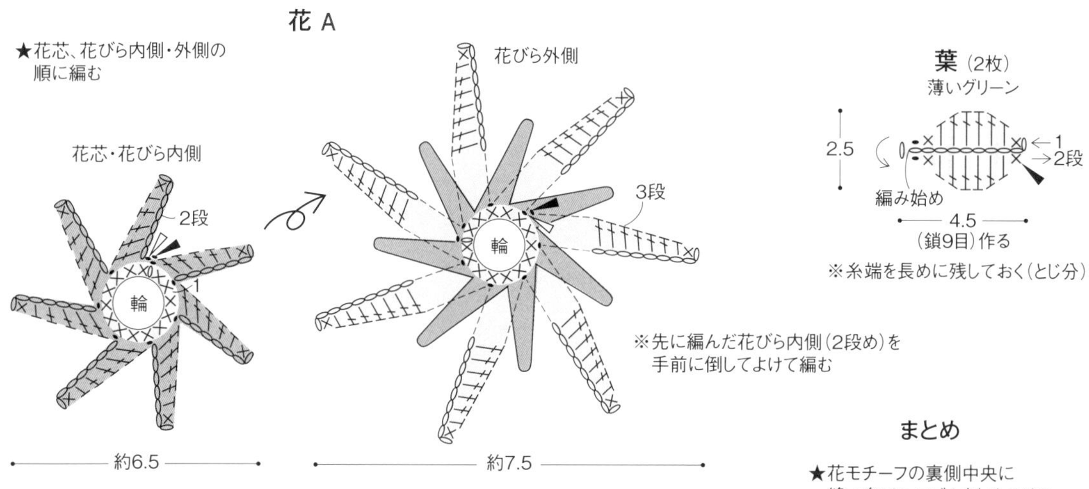

花 B

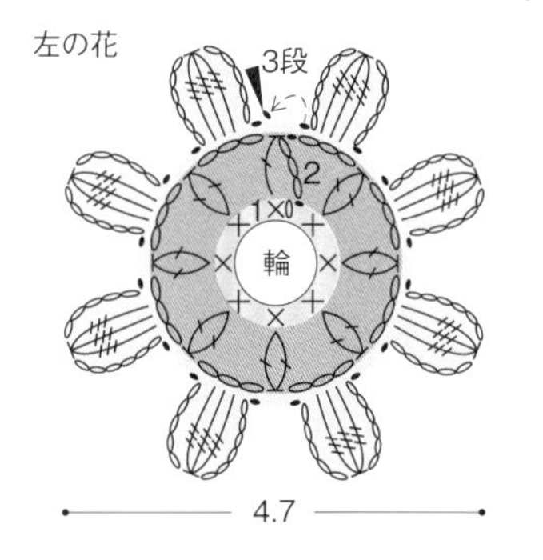

右の花

3段

2

1

輪

6

◁ = 糸をつける　◀ = 糸を切る

まとめ

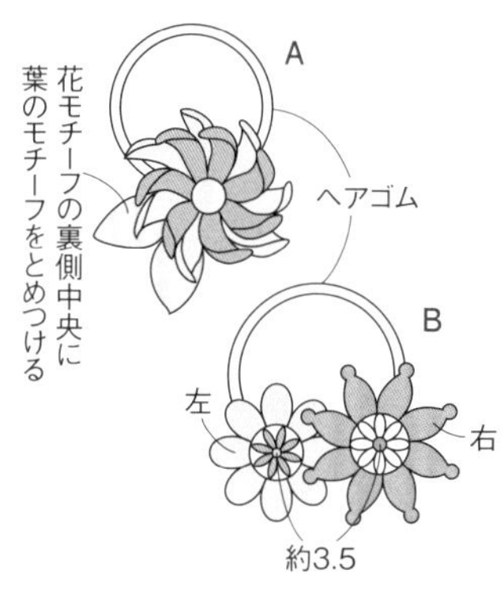

配色

A（花）（糸＝DMC）

段数	色名
3段（花びら外側）	ピンク
2段（花びら内側）	赤
1段（花芯）	濃いイエロー

B（左の花）（糸＝クイーン）

段数	色名
3段	ピンク
2段	赤
1段	からし色

B（右の花）（糸＝クイーン）

段数	色名
3段	ラベンダー
2段	オフホワイト
1段	ブルー

記号の編み方は「編み目記号と基礎」を参照してください

- ○ = 鎖編み
- × = 細編み
- T = 中長編み
- 長編み
- 長々編み
- ● = 引き抜き編み
- 長編み2目の玉編み
- 長々編み3目の玉編み
- 三つ巻き長編み3目の玉編み
- 鎖4目のピコット編み

06 ミニトートバッグ

▸▸▸ P.11

糸 ユザワヤ マンセルメリノレインボウ（30g巻・約66m…並太タイプ）の金茶（44）105g、赤（10）・オレンジ色（16）・グリーン（59）・すみれ色（108）各6g

針 5/0号・4/0号かぎ針

でき上がり寸法 幅24cm　深さ19.5cm

ゲージ（10cm四方） 模様編み
28.5目・10.5段

＊花モチーフA・B・Cの詳しい編み方は28ページからの編みもの教室を参照してください。

編み方ポイント

- 底から糸輪の作り目で編み始めます。増し目をしながら10段編み、側面は底から目を拾い、模様編みで増減なく19段編みます。続けて縁編みを1段編みます。
- 持ち手は鎖編みの作り目で42目編みます。2・3段めは鎖3目のピコット編みを入れます。2本編み、本体の裏に1cm重ねてとめつけます。
- 花モチーフA・B・C・Dは図を参照して編みます。
- 葉は鎖編みの作り目で編み始めます。鎖1目で立ち上がり、鎖半目と裏山を拾って編みます。
- 実は糸輪の作り目で編み始めます。中に共糸を入れて最終段をとじ針で拾って絞ります。
- 茎は鎖編みで約4〜5cmの長さに編みます。
- 花モチーフ、茎、葉、実を指定の位置にとめつけます。

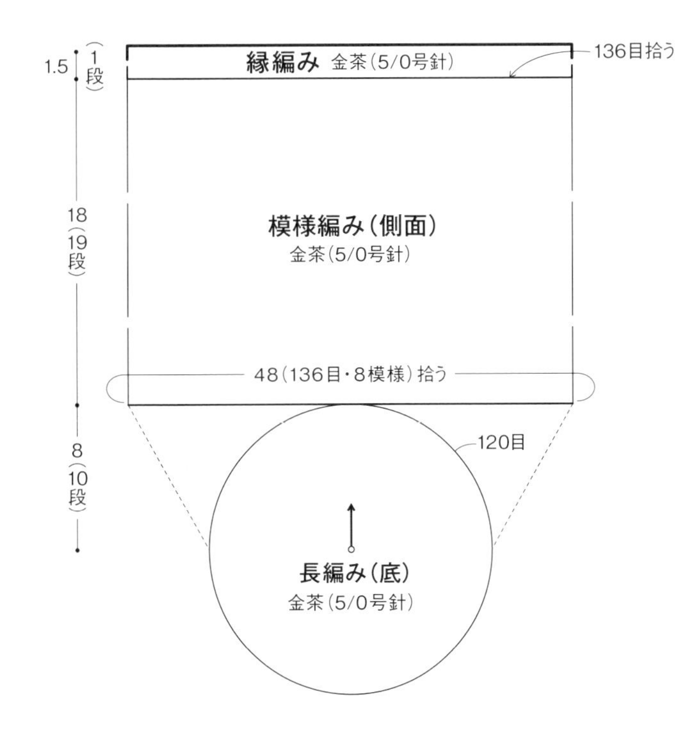

◁ ＝ 糸をつける
◀ ＝ 糸を切る

持ち手 2本 金茶（5/0号針）

3目1模様
2
（3段）
1→
3段→
←2
編み始め
18（鎖42目）作る
14模様

記号の編み方は「編み目記号と基礎」を参照してください

- ○ ＝ 鎖編み
- × ＝ 細編み
- ● ＝ 引き抜き編み
- ＝ 中長編み
- ＝ 長編み
- ＝ 長々編み
- ＝ 長編み2目（増し目）
- ＝ 細編み2目（増し目）
- ＝ 細編み2目一度
- ＝ 長編み2目の玉編み
- ＝ すじ編みの長々編み2目の玉編み（前段の向こう側半目をすくう）
- ＝ 鎖3目のピコット編み

バッグの編み方図

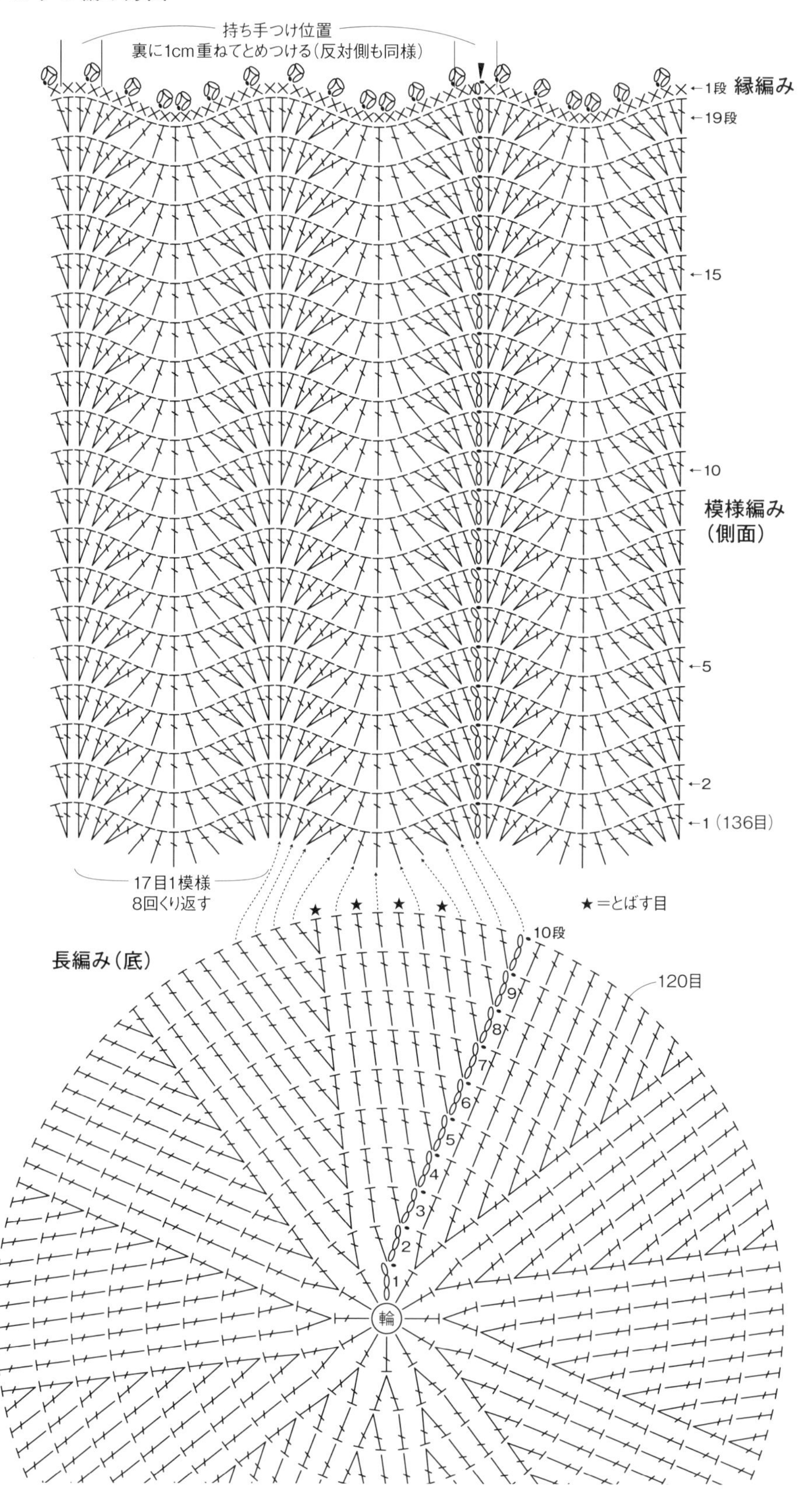

持ち手つけ位置
裏に1cm重ねてとめつける(反対側も同様)
1段 縁編み
19段
15
10
模様編み
(側面)
5
2
1(136目)
17目1模様
8回くり返す
★＝とばす目
10段
長編み(底)
120目
9
8
7
6
5
4
3
2
1
輪

花モチーフA・B・C 各1枚（5/0号針）

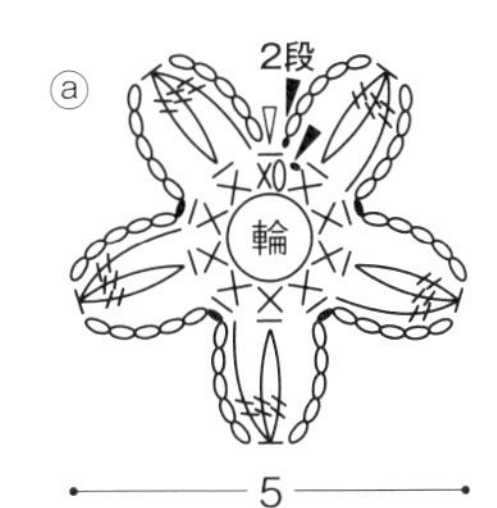

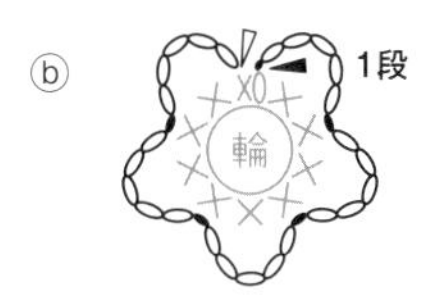

ⓐの中央1段めの細編みに
ⓑを編みつける

◁ ＝ 糸をつける

◀ ＝ 糸を切る

花モチーフの配色

A	ⓐの2段め	オレンジ色
	ⓐの1段め	すみれ色
	ⓑ	赤
B	ⓐの2段め	すみれ色
	ⓐの1段め	赤
	ⓑ	オレンジ色
C	ⓐの2段め	赤
	ⓐの1段め	グリーン
	ⓑ	オレンジ色

花モチーフD 1枚（5/0号針）

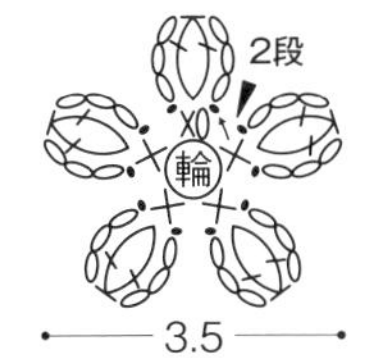

Dの配色

2段	赤
1段	オレンジ色

実 赤・すみれ色各1個（4/0号針）

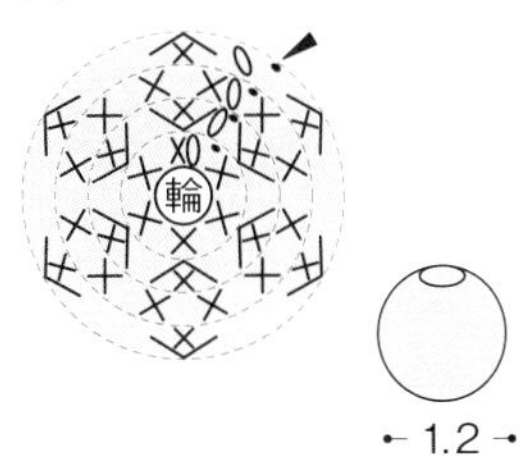

共糸を中に入れ、4段めの
頭に糸端を通して絞る

葉 グリーン（5/0号針）

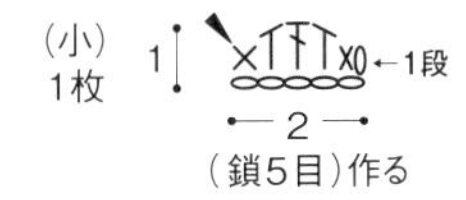

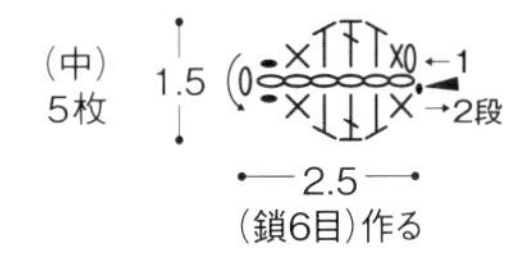

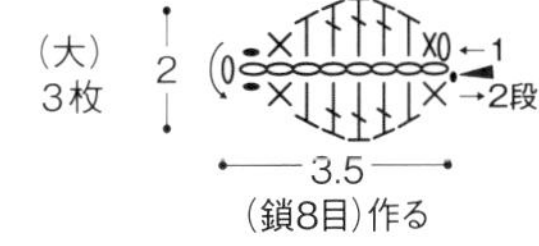

まとめ

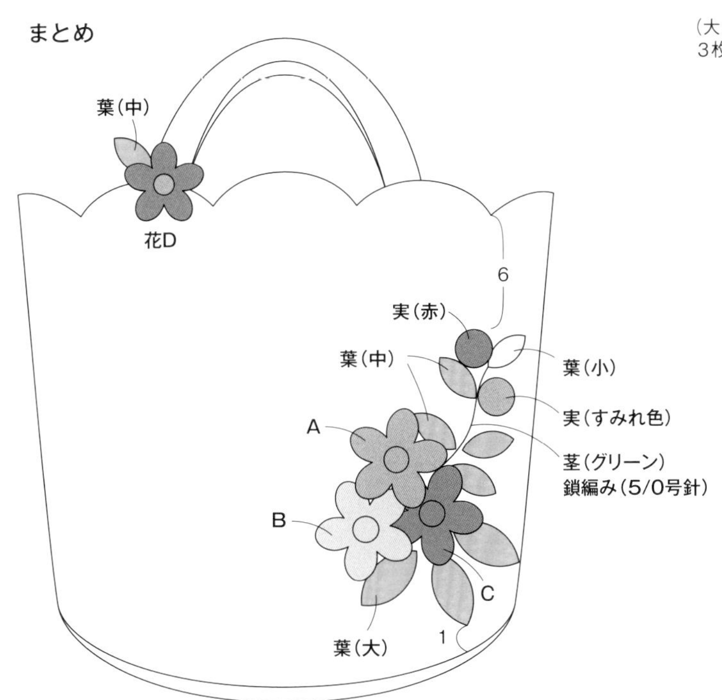

03 花モチーフのトートバッグ

▸▸▸P.7

糸 ユザワヤ マンセルメリノレインボウ（30g巻・約66m…並太タイプ）のローズピンク（125）85g、ベビーピンク（2）・レモン色（46）・すみれ色（108）各25g、オレンジ色（16）・濃いミントグリーン（74）・ピンク（124）・生成り（143）各20g、赤（10）・薄いブルー（82）各15g、濃いブルー（90）10g

針 5/0号かぎ針

ゲージ モチーフ1枚 9×9cm

でき上がり寸法 幅27cm 深さ28cm まち9cm

編み方ポイント

モチーフは糸輪の作り目で編み始めます。

- モチーフは指定の配色で、必要枚数を編みます。糸端は1枚編むごとに裏側で同色の編み目にくぐらせて、始末をします。
- 図のようにモチーフを配置して巻きはぎ（半目）でつなぎますがモチーフ4枚がつながる中央は、穴があかないよう糸を引きぎみにつなぎます。
- 口回りを縁編み1段で整えます。
- 持ち手を編み（鎖編みの作り目）、指定位置の内側にまつりつけます。

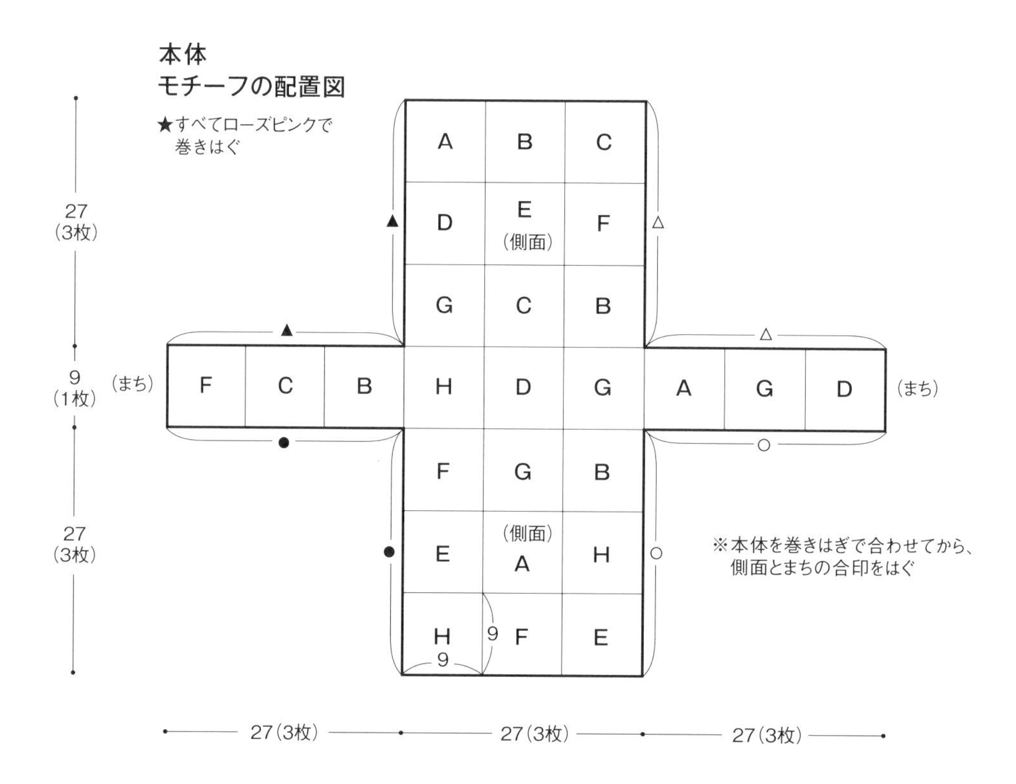

モチーフの配色と枚数

段数	A 3枚
5段	ローズピンク
4段	薄いブルー
3段	濃いブルー
2段	ベビーピンク
1段	赤

段数	B 4枚
5段	ローズピンク
4段	レモン色
3段	濃いミントグリーン
2段	ベビーピンク
1段	赤

段数	C 3枚
5段	ローズピンク
4段	オレンジ色
3段	ベビーピンク
2段	すみれ色
1段	薄いブルー

段数	D 3枚
5段	ローズピンク
4段	濃いミントグリーン
3段	レモン色
2段	オレンジ色
1段	すみれ色

モチーフの編み方と縁編み

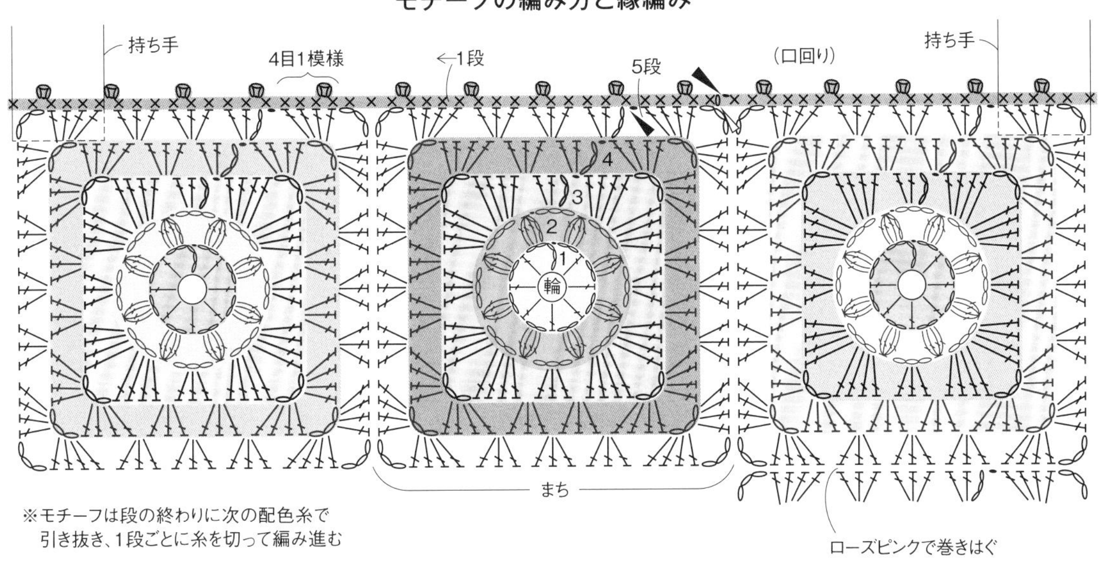

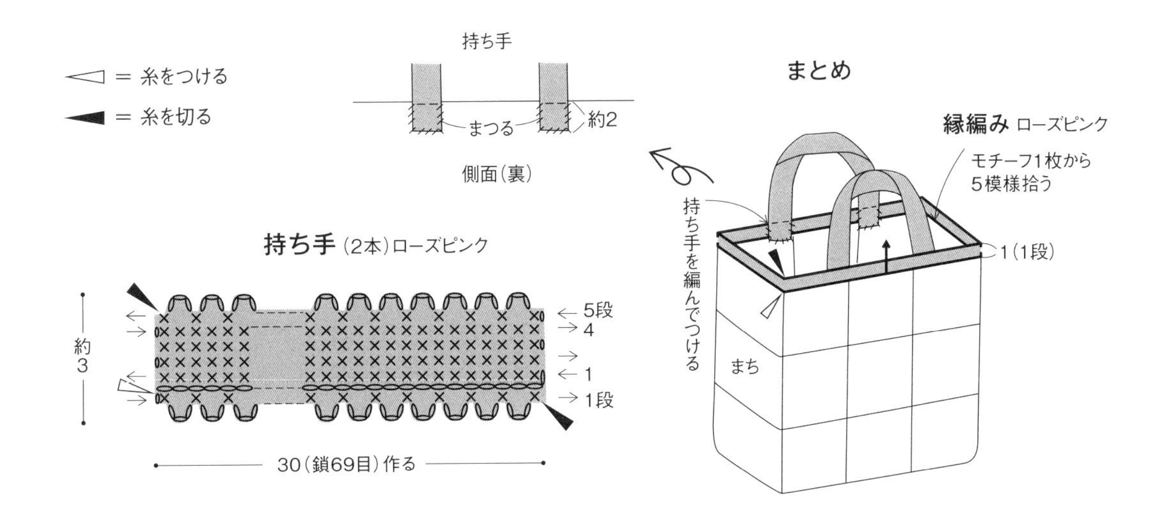

記号の編み方は「編み目記号と基礎」を参照してください

- ○ = 鎖編み
- 長編み4目の玉編み
- ● = 引き抜き編み
- 長編み
- 鎖3目のピコット編み
- × = 細編み

モチーフの配色と枚数

段数	E 3枚
5段	ローズピンク
4段	ベビーピンク
3段	赤
2段	生成り
1段	濃いブルー

段数	F 4枚
5段	ローズピンク
4段	ピンク
3段	薄いブルー
2段	レモン色
1段	赤

段数	G 4枚
5段	ローズピンク
4段	すみれ色
3段	生成り
2段	濃いミントグリーン
1段	ピンク

段数	H 3枚
5段	ローズピンク
4段	生成り
3段	すみれ色
2段	オレンジ色
1段	レモン色

04 マルチカバー

▸▸▸P.8

糸 ユザワヤ マンセルメリノレインボウ（30g巻・約66m…並太タイプ）の生成り（143）85g、ターコイズブルー（80）・ローズピンク（125）各20g、レモン色（46）・薄いミントグリーン（73）・すみれ色（108）・ピンク（124）各15g、ベビーピンク（2）・サーモンピンク（3）・からし色（47）・グリーン（59）各10g

針 6/0号かぎ針

ゲージ モチーフ1枚 8.5×8.5cm

でき上がり寸法 36×36cm

編み方ポイント

糸は1本どりで、指定の配色で編みます。

- 鎖編みの作り目で7目作って輪にし、図のようにモチーフを編みます。
- 16枚編んだら配置図を参照して並べ、隣り合う一辺を巻きはぎ（半目）でつなぎます。
- 回りを縁編み1段で整えます。

モチーフの配置図

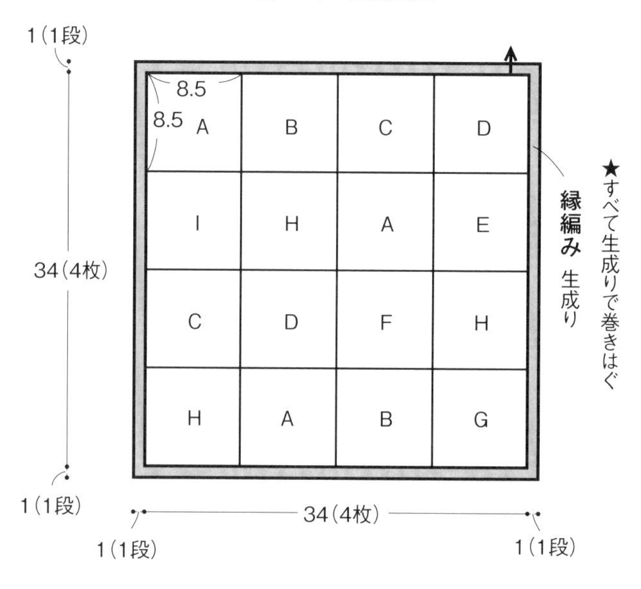

モチーフ

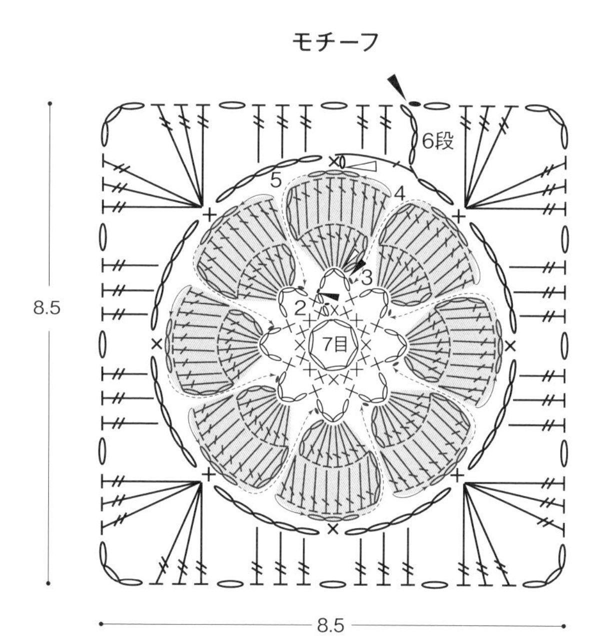

◁ ＝ 糸をつける

◀ ＝ 糸を切る

記号の編み方は
「編み目記号と基礎」を
参照してください

○ ＝ 鎖編み

T ＝ 長編み

× ＝ 細編み

T ＝ 長々編み

V ＝ 長編み2目（増し目）

W ＝ 長々編み3目（増し目）

• ＝ 引き抜き編み

縁編みの編み方図

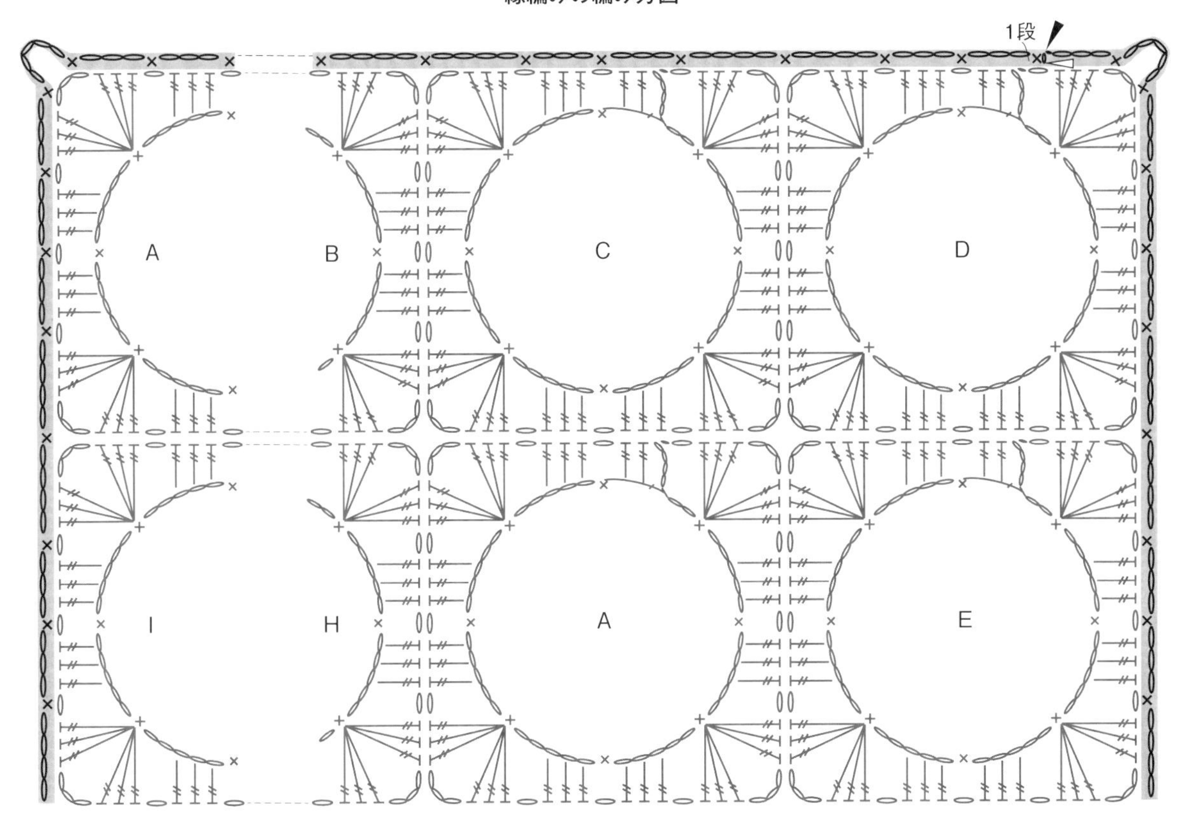

モチーフの配色と枚数

段数	A 3枚
5〜6段	生成り
3〜4段	ターコイズブルー
1〜2段	レモン色

段数	B 2枚
5〜6段	生成り
3〜4段	ピンク
1〜2段	レモン色

段数	C 2枚
5〜6段	生成り
3〜4段	薄いミントグリーン
1〜2段	レモン色

段数	D 2枚
5〜6段	生成り
3〜4段	すみれ色
1〜2段	レモン色

段数	E 1枚
5〜6段	生成り
3〜4段	サーモンピンク
1〜2段	レモン色

段数	F 1枚
5〜6段	生成り
3〜4段	からし色
1〜2段	レモン色

段数	G 1枚
5〜6段	生成り
3〜4段	グリーン
1〜2段	レモン色

段数	H 3枚
5〜6段	生成り
3〜4段	ローズピンク
1〜2段	レモン色

段数	I 1枚
5〜6段	生成り
3〜4段	ベビーピンク
1〜2段	レモン色

05 レーシーストール

▸▸▸ P.10

糸 ユザワヤ　マンセルメリノレインボウ（30g巻・約66m…並太タイプ）の若草色（55）100g、ピンク（124）35g、ベビーピンク（2）・レモン色（46）・薄いミントブルー（73）・水色（79）・ラベンダー（112）・生成り（143）各25g、赤（10）20g、山吹色（15）・ブルーグリーン（75）・マリンブルー（84）・すみれ色（108）各10g

針 6/0号かぎ針

ゲージ モチーフ1枚 直径11cm

でき上がり寸法 122 × 50cm

編み方ポイント

モチーフA～Gは糸輪の作り目で編み始め、指定の配色で必要枚数を編みます。

- モチーフを1枚編むごとに糸端を裏の編み目にくぐらせ、糸端の始末をします。
- 2枚めからは、隣り合うモチーフと引き抜き編みでつなぎます。
- モチーフをつなぎ終わったら、回りを縁編み1段で整えます。

モチーフの配置図

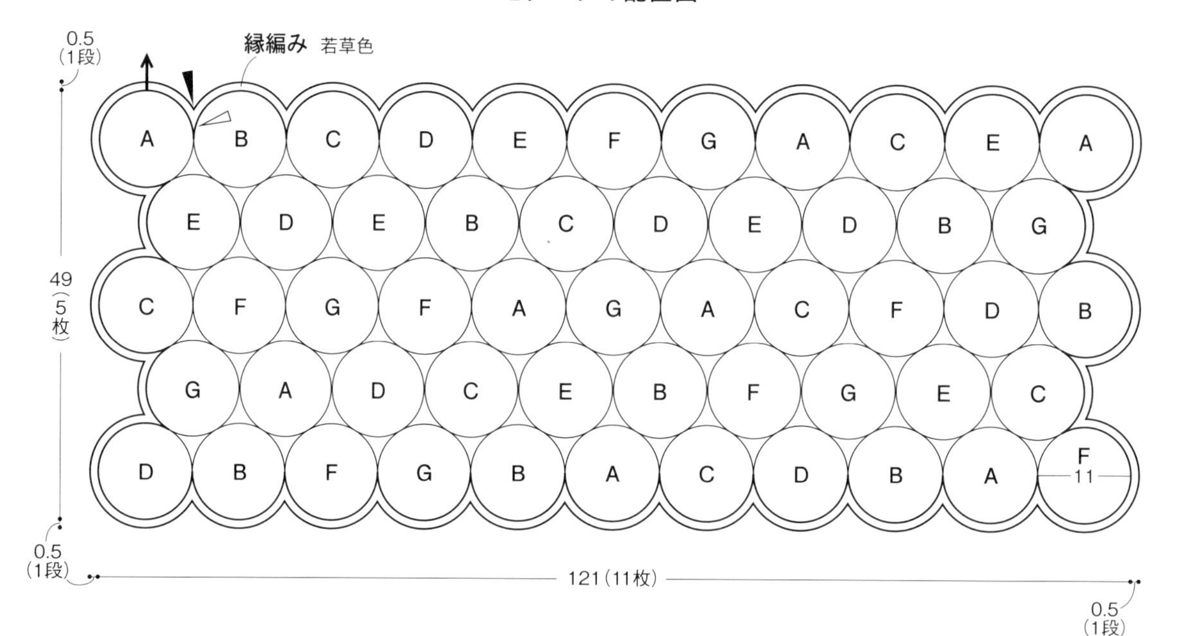

モチーフの配色と枚数

	A 8枚	B 8枚	C 8枚	D 8枚	E 7枚	F 7枚	G 7枚
3段	若草色	若草色	若草色	若草色	若草色	若草色	若草色
2段	ピンク	水色	レモン色	ベビーピンク	ミントブルー	ラベンダー	生成り
1段	赤	マリンブルー	山吹色	赤	ブルーグリーン	すみれ色	ピンク

モチーフの編み方とつなぎ方、縁編み

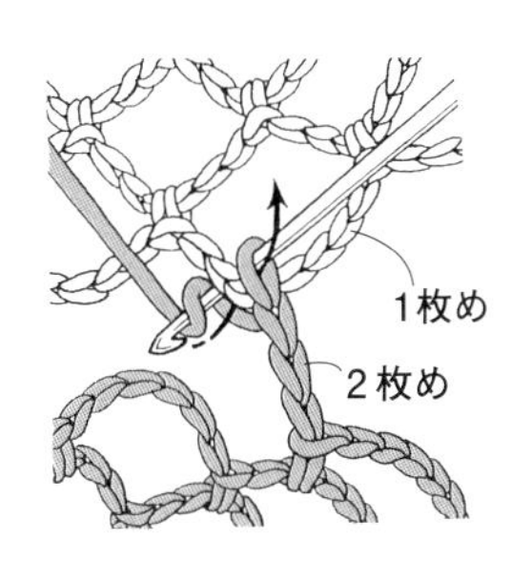

モチーフのつなぎ方

1枚めのモチーフに上からかぎ針を入れ、糸をかけて引き抜き、2枚めのモチーフに戻る

記号の編み方は「編み目記号と基礎」を参照してください

- ⬭ = 鎖編み
- × = 細編み
- 長々編みの記号 = 長々編み
- 玉編みの記号 = 長々編み3目の玉編み
- • = 引き抜き編み

07 花モチーフ帽子

▸▸▸ P.12

糸 ユザワヤ マンセルメリノレインボウ(30g巻・約66m…並太タイプ)の生成り(143) 80g、赤(10)・レモン色(46)・グリーン(59)・フォレストグリーン(64)・水色(79)・ターコイズブルー(80)・すみれ色(108)・ピンク(124) 各10g

針 6/0号かぎ針

ゲージ 模様編み 4.8cm(1模様) 8.5段(10cm四方)
モチーフ1枚 8×8cm

でき上がり寸法 頭回り48cm 深さ21.5cm

編み方ポイント

糸は1本どりで、モチーフは糸輪の作り目で編み始めます。

- モチーフA～Fを指定の配色で編みます。
- 赤の糸でモチーフどうしを巻きはぎ(半目)でつなぎ、輪にします。
- モチーフから目を拾い、模様編みを増減なく16段輪に編みます。続けてa縁編みを1段編みます。
- モチーフ側にb縁編みを1段編み下げます。
- ひもを引き抜き編みで編んで指定位置に通し、ひもの両端にポンポンをつけます。

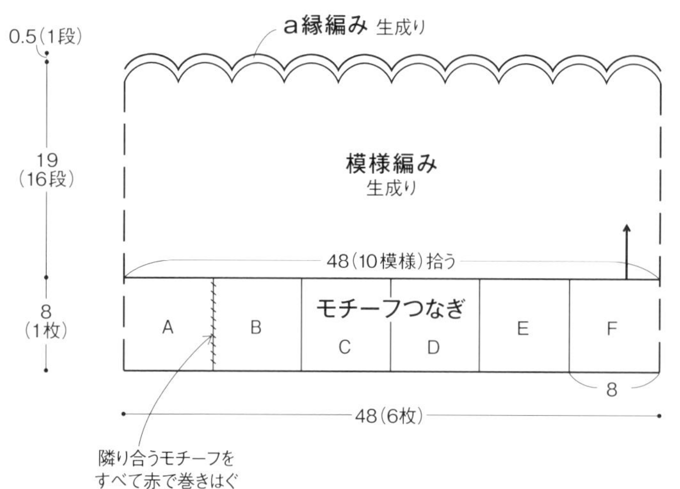

記号の編み方は「編み目記号と基礎」を参照してください

- ○ ＝ 鎖編み
- × ＝ 細編み
- ×・V ＝ すじ編み(細編み・長編み3目)
- 長編み記号 ＝ 長編み
- 玉編み記号 ＝ 長編み3目の玉編み
- ピコット記号 ＝ 鎖3目のピコット編み
- ● ＝ 引き抜き編み

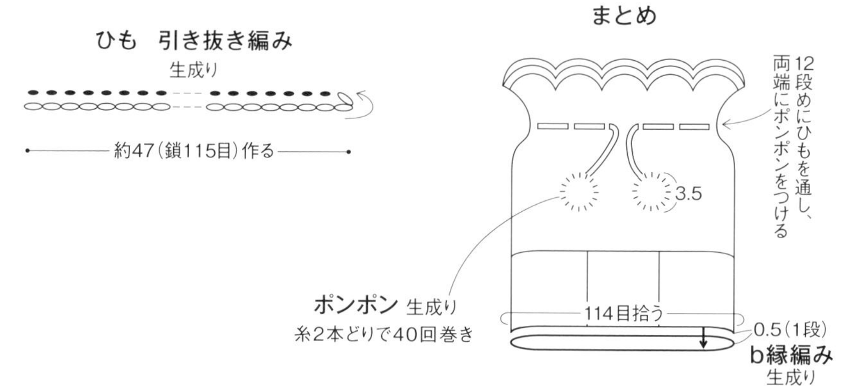

モチーフの配色

	A	B	C	D	E	F
5段	生成り	生成り	生成り	生成り	生成り	生成り
4段	グリーン	レモン色	ターコイズブルー	すみれ色	赤	水色
3段	赤	ピンク	ピンク	レモン色	ピンク	フォレストグリーン
2段	ピンク	水色	レモン色	ピンク	グリーン	レモン色
1段	フォレストグリーン	すみれ色	赤	グリーン	赤	ピンク

帽子の編み方図

＊ モチーフは指定の配色で、1段ごとに●印位置で糸を切り、糸をつける
＊ a縁編みは1模様から15目、b縁編みはモチーフ1枚から19目拾う

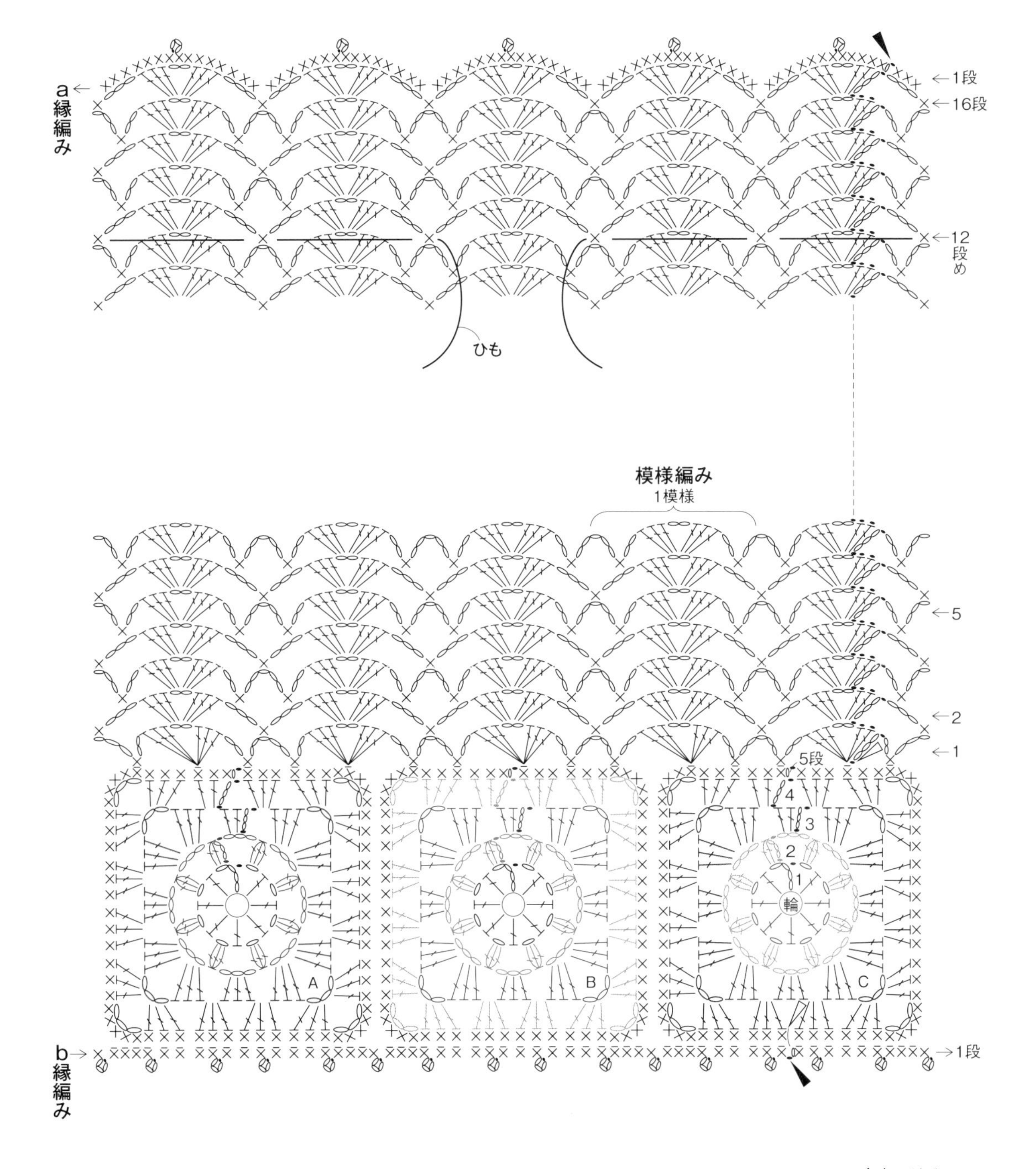

◁ ＝ 糸をつける
◀ ＝ 糸を切る

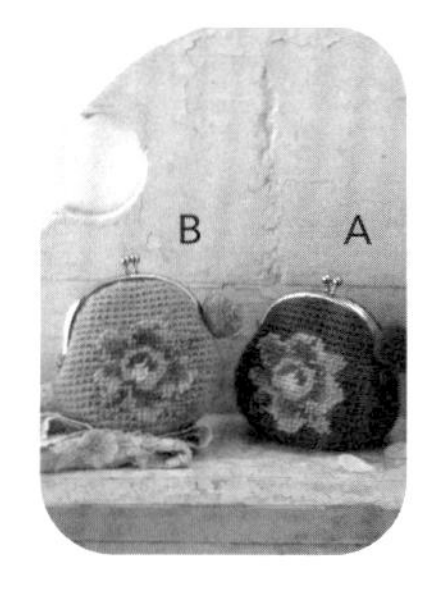

08 花のお財布

▸▸▸ P.13

糸 ユザワヤ マンセルメリノレインボウ（30g巻・約66m…並太タイプ）を
Aに朱赤（11）30g　Bにピンク（124）30g

毛糸刺しゅう糸 DMC Art.486［8m束］のレモン色（7433）・濃いイエロー（7785）・赤（7666）・
薄いピンク（7151）・濃いピンク（7136）・淡いピンク（7605）・
明るいグリーン（7042）・グリーン（7346）各少々

その他 口金　幅7.5cm×高さ5.5cm シルバー（ナスカ NH-26 col.N）1個、
抜きキャンバス（44目／10cm）7×7cm、
テグス3号

針 5/0号かぎ針

でき上がり寸法 幅11cm　深さ9.5cm

ゲージ（10cm四方） 細編み25目・29段

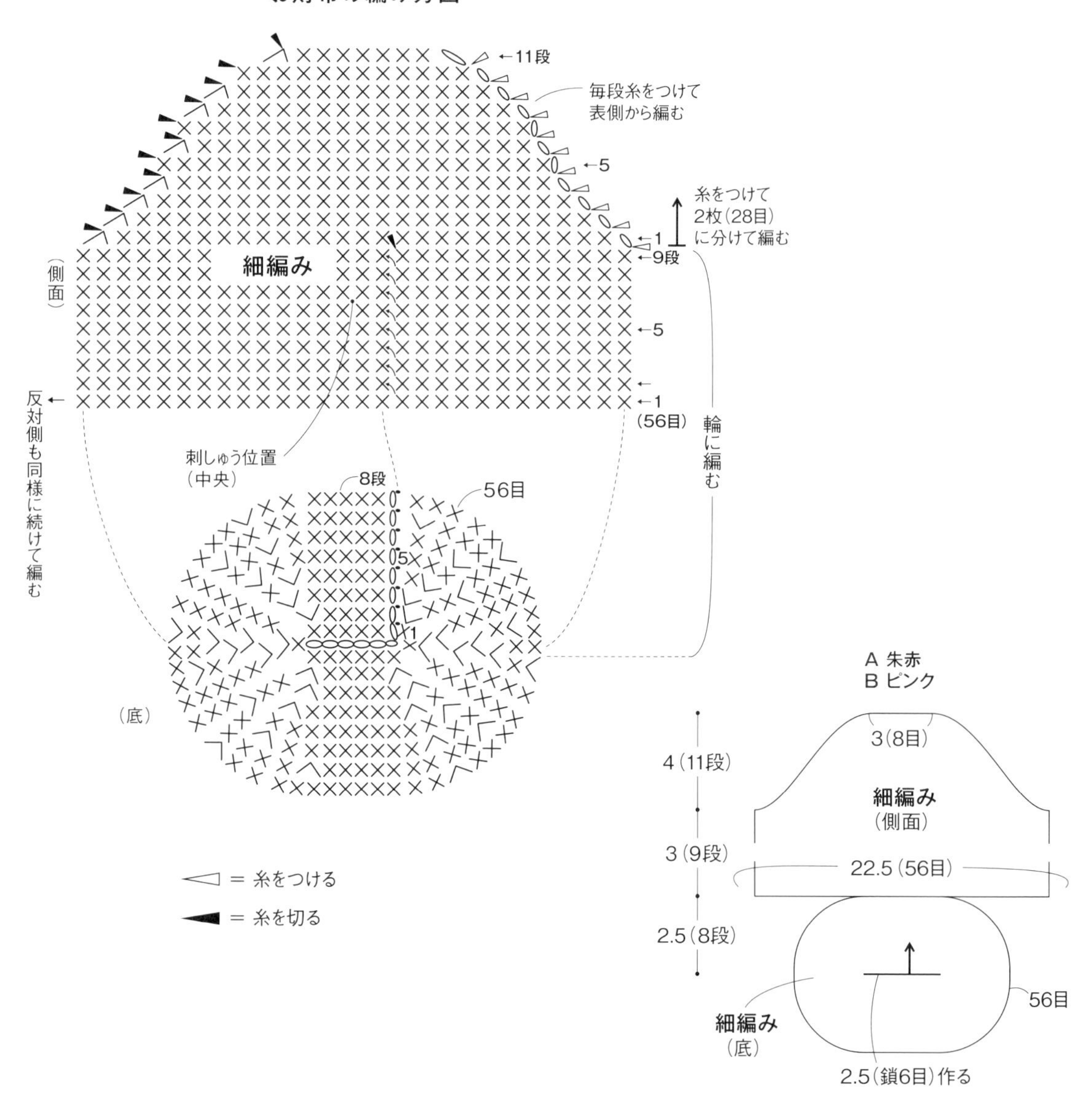

編み方ポイント

- 鎖編みの作り目で6目編み、鎖1目で立ち上がり鎖半目と裏山を拾って編みます。作り目の反対側の鎖半目を拾って細編みで戻ります。底は増し目をしながら輪に8段、サイドは立ち上がりなしで増減なく9段編みます。入れ口部分は2枚に分けて、毎段糸をつけて表を見ながら一方向に11段編みます。
- 抜きキャンバスを使い、前面の中央にハーフクロス・ステッチをします。
- 口金をテグスでつけます。入れ口をカーブ状に内側に折り、編み地をすくいながら口金の穴に返し縫いでしっかりつけます。
- ポンポンを作って、前面につけます。

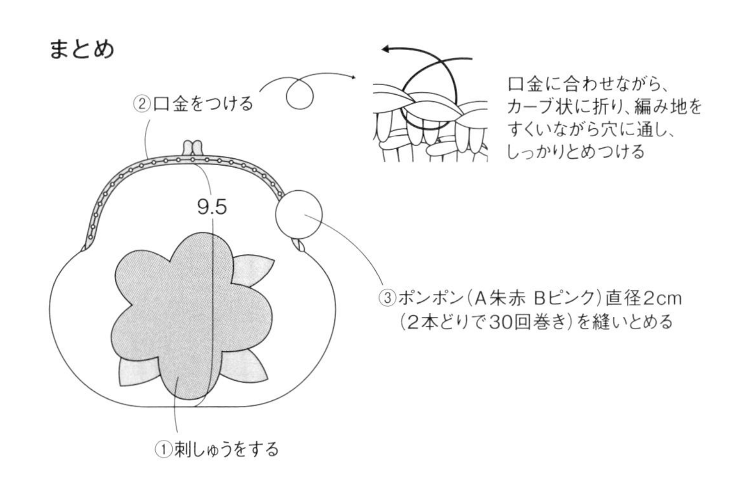

刺しゅう図案 A・B共通

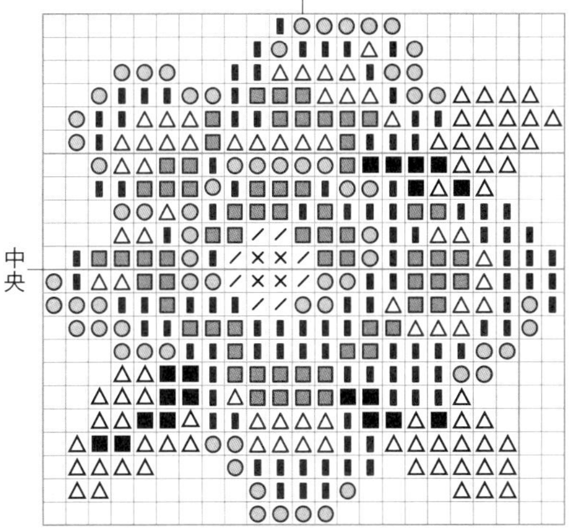

※ハーフクロス・ステッチの刺し方は111ページを参照してください。

■ 7666 赤
△ 7136 濃いピンク
▮ 7605 淡いピンク
○ 7151 薄いピンク
／ 7433 レモン色
× 7785 濃いイエロー
■ 7346 グリーン
△ 7042 明るいグリーン

記号の編み方は「編み目記号と基礎」を参照してください

- ○ ＝ 鎖編み
- × ＝ 細編み
- ● ＝ 引き抜き編み
- ∨・∨ ＝ 細編み2目編み(増し目)
- ∧・∧ ＝ 細編み2目一度

09 スクエアモチーフブランケット

▸▸▸ P.14

糸 ユザワヤ　マンセルメリノレインボウ（30g巻・約66m…並太タイプ）の赤（10）150g、水色（79）60g、ベビーピンク（2）・生成り（143）各55g、オレンジ色（16）・レモン色（46）・すみれ色（108）・ライトグレー（146）各50g、マリンブルー（84）45g、モカ（27）・グリーン（59）・ブルーグリーン（75）各40g、ターコイズブルー（80）・ピンク（124）各35g、ブルー（83）・ローズピンク（125）・えんじ（126）各30g、サーモンピンク（3）・山吹色（15）・濃いミントグリーン（74）各25g、若草色（55）・カーキ（56）各20g、ラベンダー（112）15g、薄紫（107）8g

針 6/0号かぎ針

ゲージ モチーフ１枚６×６cm

でき上がり寸法 85×79cm

編み方ポイント

モチーフは糸輪の作り目で編み始めます。

- 各色モチーフＡ～Ｘを、それぞれ指定の枚数編みます。モチーフは１枚編むごとに糸端を裏の編み目にくぐらせ、糸始末をします。
- 配置図を参照して横列、たて列の順にモチーフを巻きはぎ（半目）でつなぎますが、つなぐ糸は隣り合うモチーフどちらかの最終段の色を使います（モチーフ４枚がつながる中央は、穴があかないよう糸を引きぎみにつなぐ）。
- 回りは縁編み４段を輪に編んで形を整えます。

モチーフの配色と枚数

モチーフ	色名（番号）	枚数
A	マリンブルー（84）	8
B	モカ（27）	7
C	ブルーグリーン（75）	7
D	ベビーピンク（2）	10
E	すみれ色（108）	9
F	水色（79）	11
G	赤（10）	13
H	グリーン（59）	7
I	レモン色（46）	9
J	オレンジ色（16）	9
K	カーキ（56）	3
L	生成り（143）	10
M	ライトグレー（146）	9
N	ローズピンク（125）	5
O	若草色（55）	3
P	ブルー（83）	5
Q	ピンク（124）	6
R	ターコイズブルー（80）	6
S	サーモンピンク（3）	4
T	えんじ（126）	5
U	ラベンダー（112）	2
V	薄紫（107）	1
W	山吹色（15）	3
X	濃いミントグリーン（74）	4

モチーフ

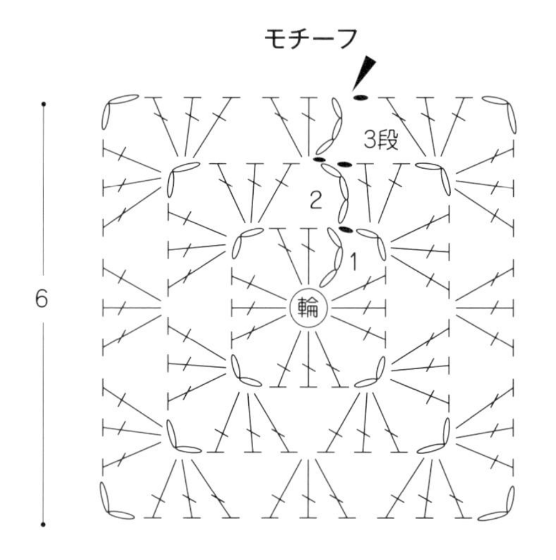

◀ ＝ 糸を切る
◁ ＝ 糸をつける

記号の編み方は「編み目記号と基礎」を参照してください

⬭ ＝ 鎖編み
ト ＝ 長編み
● ＝ 引き抜き編み

モチーフの配置図と縁編み

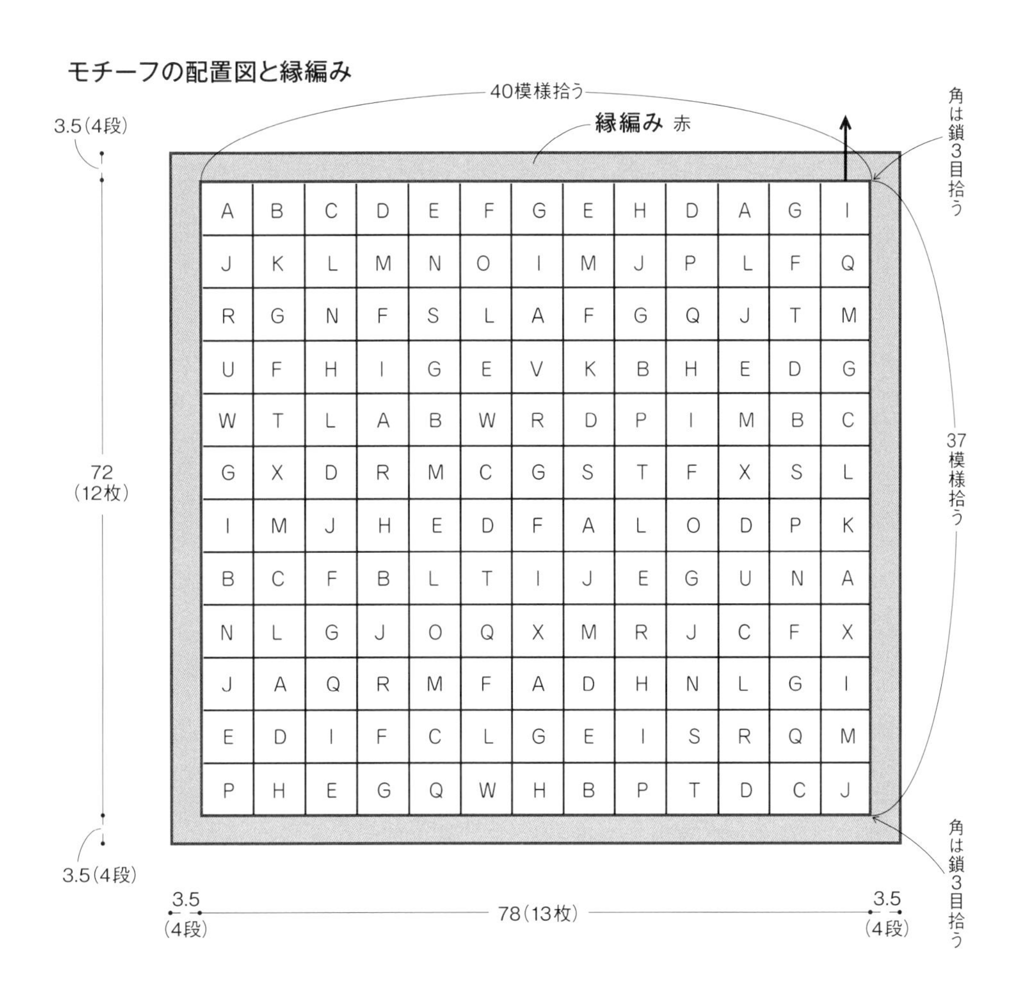

縁編みの編み方図

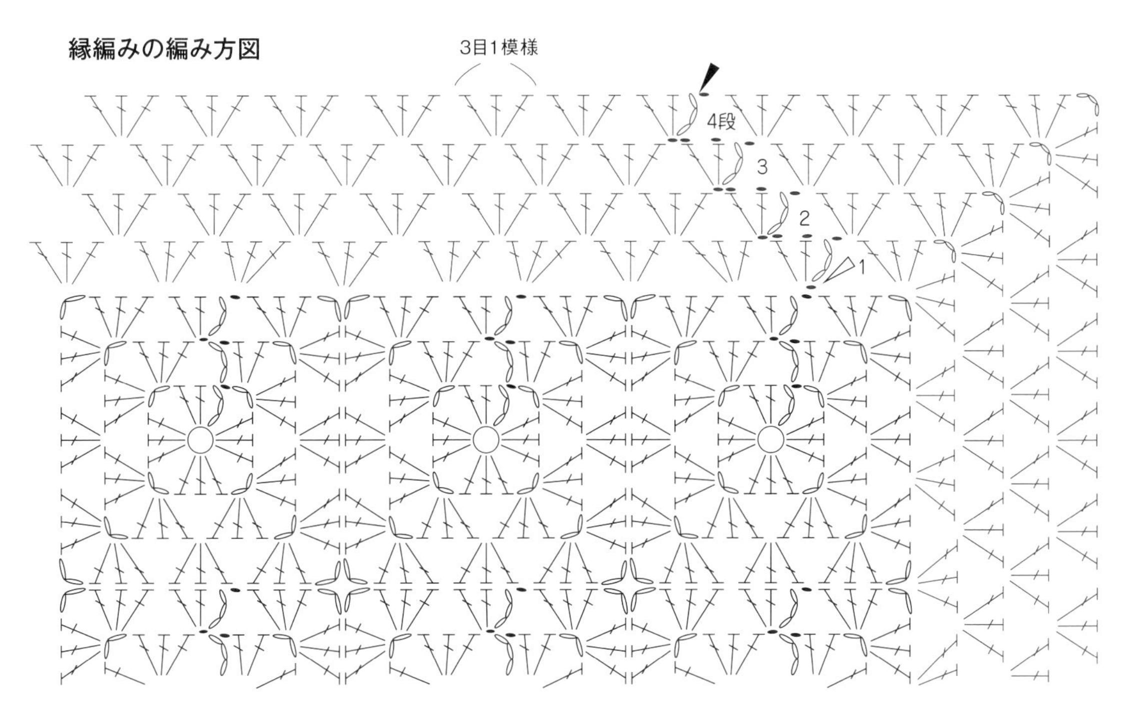

10 花飾りリース

▸▸▸P.16

糸 ユザワヤ マンセルメリノレインボウ（30g巻・約66m…並太タイプ）のカーキ（56）20g、生成り（143）15g、焦げ茶（31）10g、モカ（27）・金茶（44）各8g、イエロー（41）・黒（150）各少々

毛糸刺しゅう糸
DMC Art.486［8m束］のグリーン（7346）5束、赤（7666）2.5束、濃い紫色（7017）・深海色（7038）各2束、濃いラベンダー（7895）1.5束、ターコイズブルー（7037）・ピンク（7804）各1束、ベビーピンク（7133）・レモン色（7433）・ミントグリーン（7598）・淡いピンク（7605）・薄いラベンダー（7896）各0.5束

針 5/0号・6/0号かぎ針

その他 リース枠（外径20cm）を1個

編み方ポイント
指定の配色で編みます。
- リース枠にカーキの糸を巻きつけて土台を作ります。
- 花D～Hと実のモチーフは糸輪の作り目、花A～Cと葉のモチーフは鎖編みの作り目で編み始めます。
- 花はA～C、D、E～Hの3パターンと葉・実は各1パターンで指定の枚数を編みます。
- 実は共糸を詰めて絞りどめ、葉に2個とじつけたものを7組作ります（実の色はまとめ図参照）。
- リース土台に各パーツをバランスよくとじつけます（残っている葉は花の間に入れ込む）。

花　A・B・C（6/0号針）

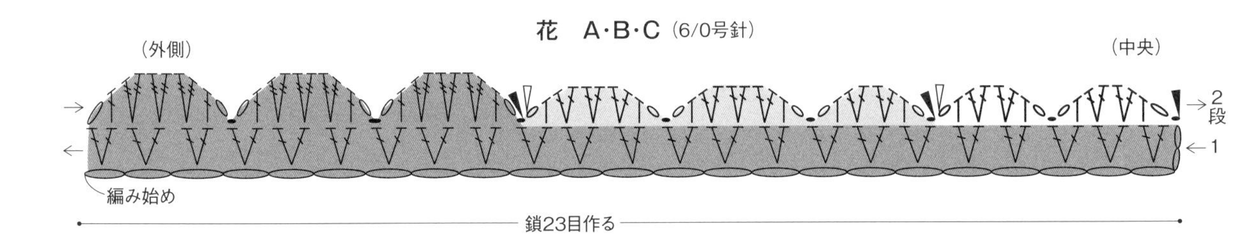

配色（糸=DMC）

	A　2個	B　2個	C　2個
——	ベビーピンク	ミントグリーン	薄いラベンダー
——（薄い灰色）	ピンク	ターコイズブルー	濃いラベンダー
——（濃い灰色）	赤	深海色	濃い紫色

まとめ

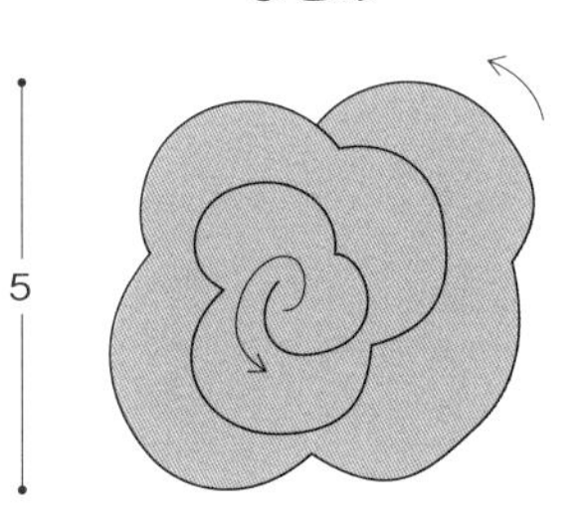

※2段めの裏を内側にして
中央から巻きながら根元を
とめつけていき、形を整える

花　D（5/0号針）1枚

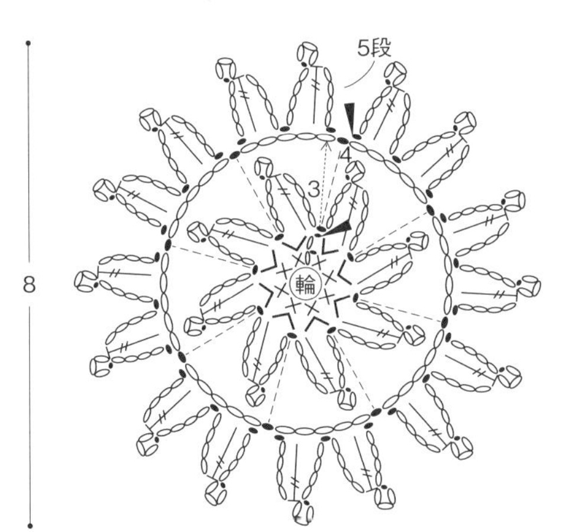

配色（糸=メリノ）

段数	色名
3～5段	生成り
1・2段	イエロー

花　E・F・G・H
（5/0号針）

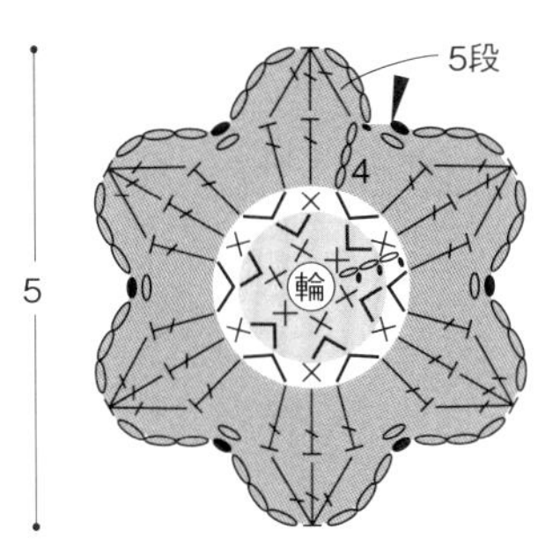

配色（1～3段 糸＝メリノ、4・5段 糸＝DMC）

段数	E 1枚	F 1枚	G 1枚	H 1枚
4・5段	淡いピンク	赤	レモン色	濃いラベンダー
3段	生成り	生成り	生成り	生成り
1・2段	黒	黒	黒	黒

葉　グリーン（11枚・糸＝DMC）
（5/0号針）

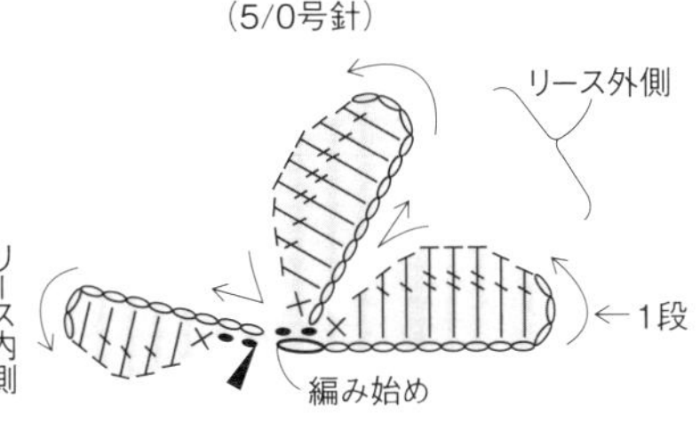

◁ ＝ 糸をつける　◀ ＝ 糸を切る

実（5/0号針）

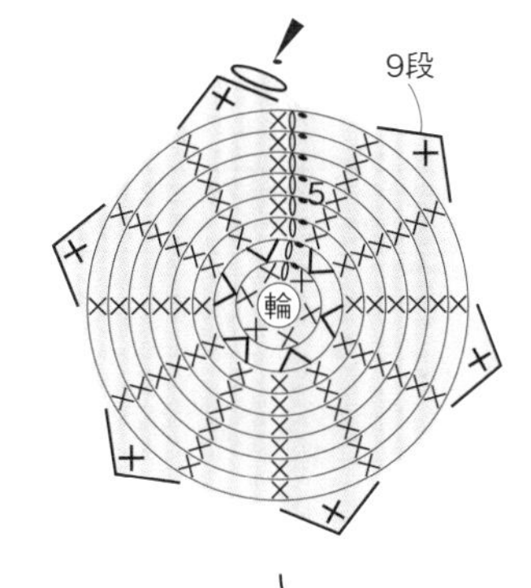

（糸＝メリノ）

色名	数
金茶	4個
モカ	4個
焦げ茶	6個

まとめ

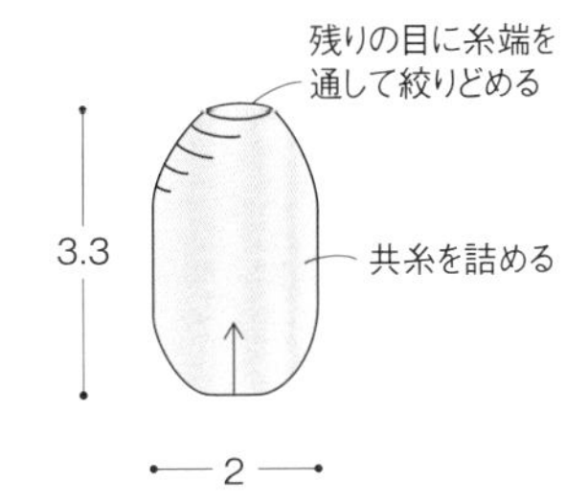

記号の編み方は
「編み目記号と基礎」を
参照してください

- ○ ＝ 鎖編み
- × ＝ 細編み
- ∨・ ＝ 細編み2目（増し目）
- ∧・ ＝ 細編み2目一度
- ＝ 中長編み
- ＝ 長編み
- ＝ 長編み3目一度
- ＝ 長々編み
- ＝ 長編み2目（増し目）
- ＝ 長々編み2目（増し目）
- ＝ 鎖3目のピコット編み
- • ＝ 引き抜き編み

※葉1枚＋実2個＝7組作る

実2個の組み合わせ

色名	数
焦げ茶・モカ	3組
焦げ茶・金茶	3組
金茶・モカ	1組

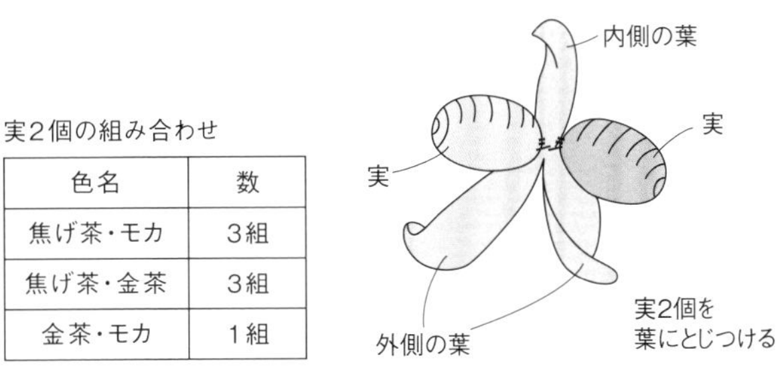

リース土台

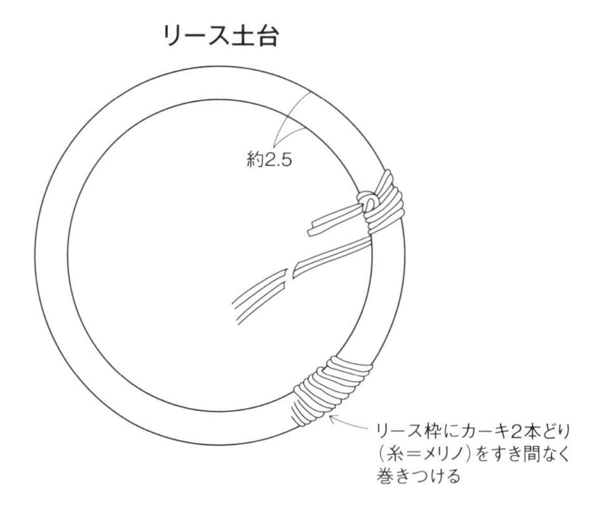

約2.5
リース枠にカーキ2本どり
(糸=メリノ)をすき間なく
巻きつける

まとめ

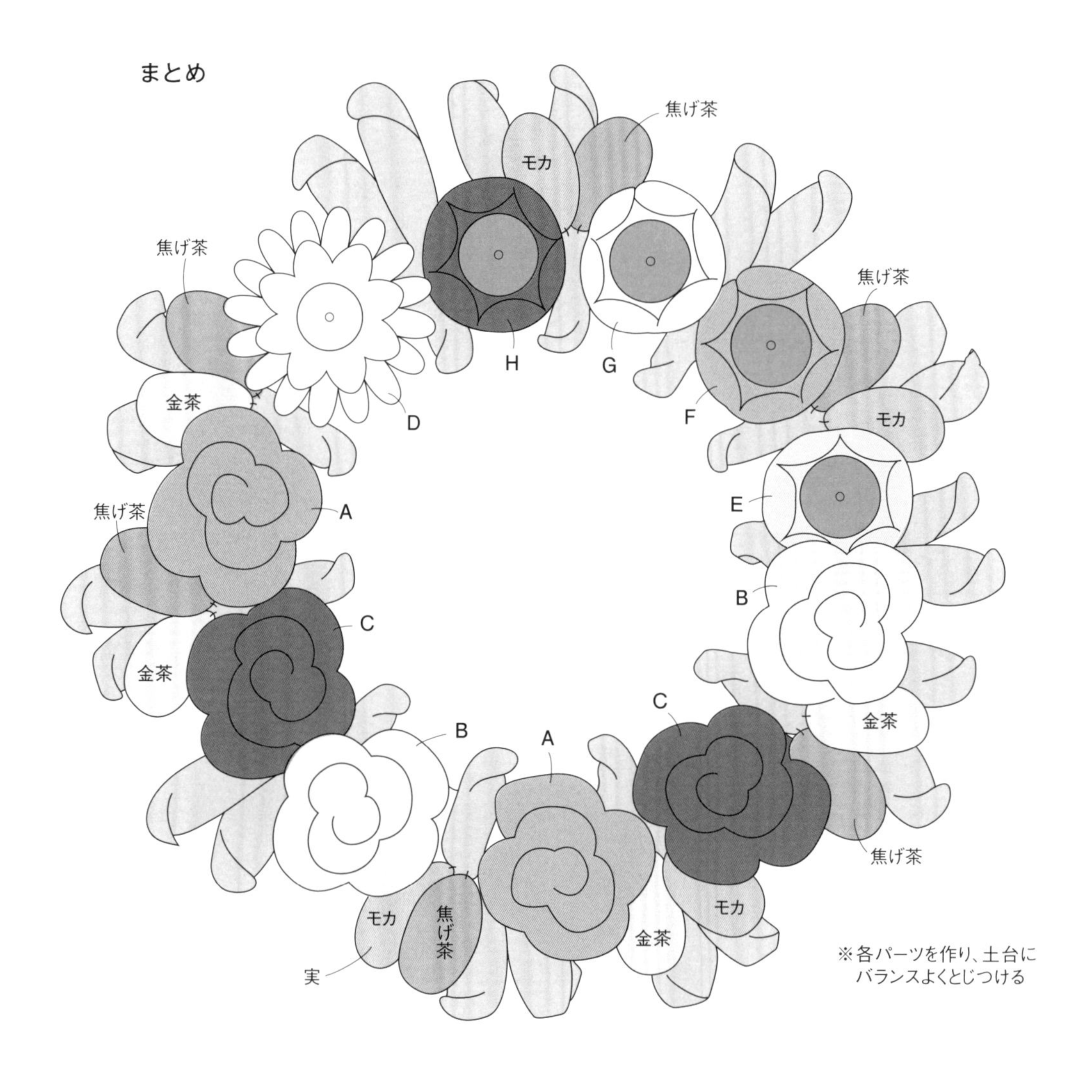

焦げ茶
モカ
焦げ茶
焦げ茶
H
G
F
金茶
D
モカ
E
焦げ茶
A
B
C
金茶
C
金茶
B
A
焦げ茶
モカ
焦げ茶
モカ
金茶
実
※各パーツを作り、土台に
バランスよくとじつける

11 グラニーバッグ 

P.17

糸 ユザワヤ マンセルメリノレインボウ(30g巻・約66m…並太タイプ)のブルー(83)160g、レモン色(46)40g、朱赤(11)24g、ピンク(124)16g、グリーン(59)10g、山吹色(15)・薄いミントグリーン(73)・ブルーグリーン(75)・ターコイズブルー(80)・濃いブルー(90)・ラベンダー(112)・すみれ色(108)各8g、若草色(55)少々

針 5/0号・4/0号かぎ針

でき上がり寸法
底幅40cm　深さ22cm

ゲージ(10cm四方)
模様編み24.5目・11.5段
花モチーフ1枚　直径8cm

編み方ポイント

- 本体は鎖編みの作り目で98目作り、模様編みで46段増減なく編みます。脇は本体から、入れ口は本体と脇から目を拾い、細編みで目を減らしながら編みます。
- 持ち手はブルーの糸で鎖編みを74目作り、細編みで編みます。グリーンで葉と茎を編みつけます。2本編み、入れ口の裏側に2cm重ねてとめつけます。
- 花モチーフは糸輪の作り目で編み始め、指定の段で色をかえて編みます。花芯を編み、花モチーフの中央に重ねて本体にとめつけます。
- 葉は鎖編みの作り目で編み始めます。引き抜き編みは作り目の裏山を拾います。2段めから色をかえて編みますが、引き抜き編みの向こう側半目を拾って葉の中央に若草色のすじが出るように編みます。3段めは作り目の鎖2本を拾いながら戻ります。指定の位置にとめつけます。

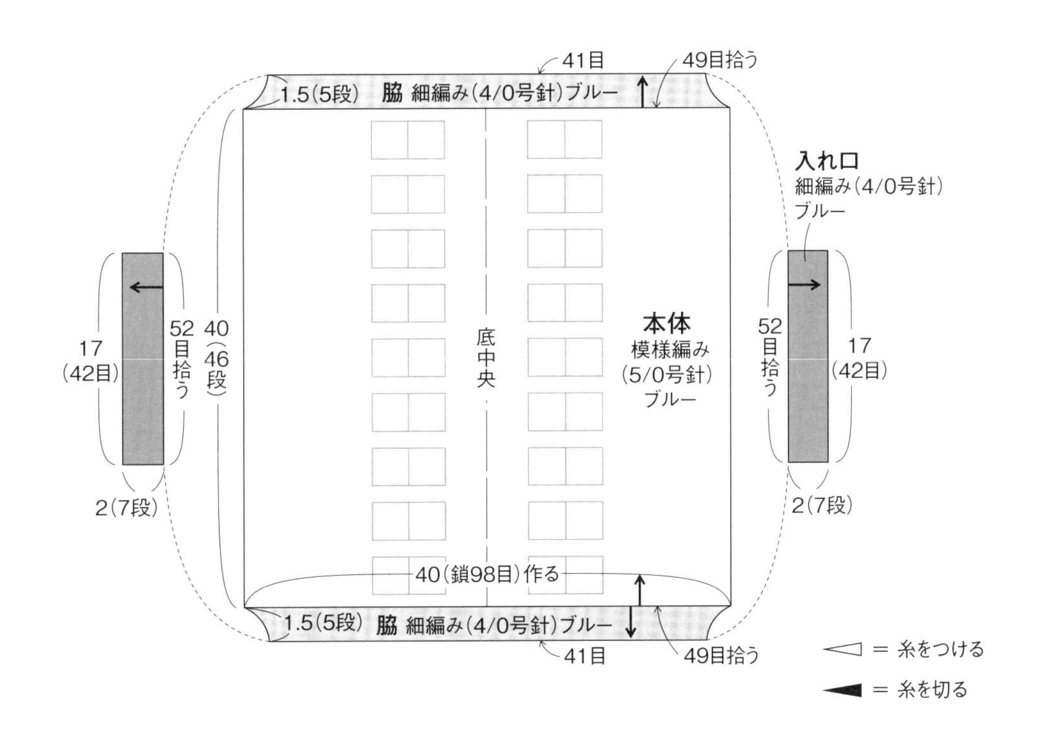

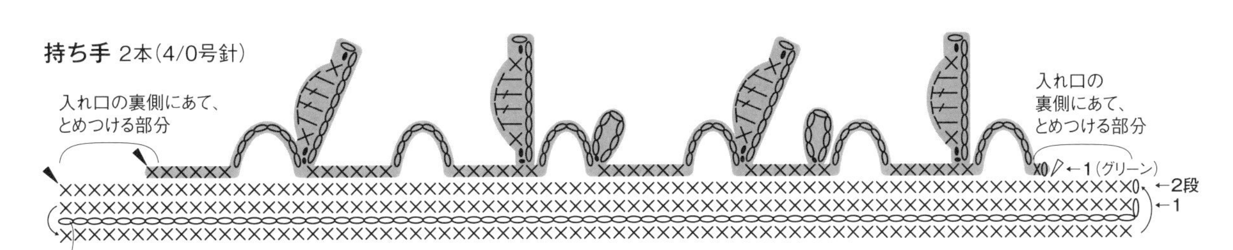

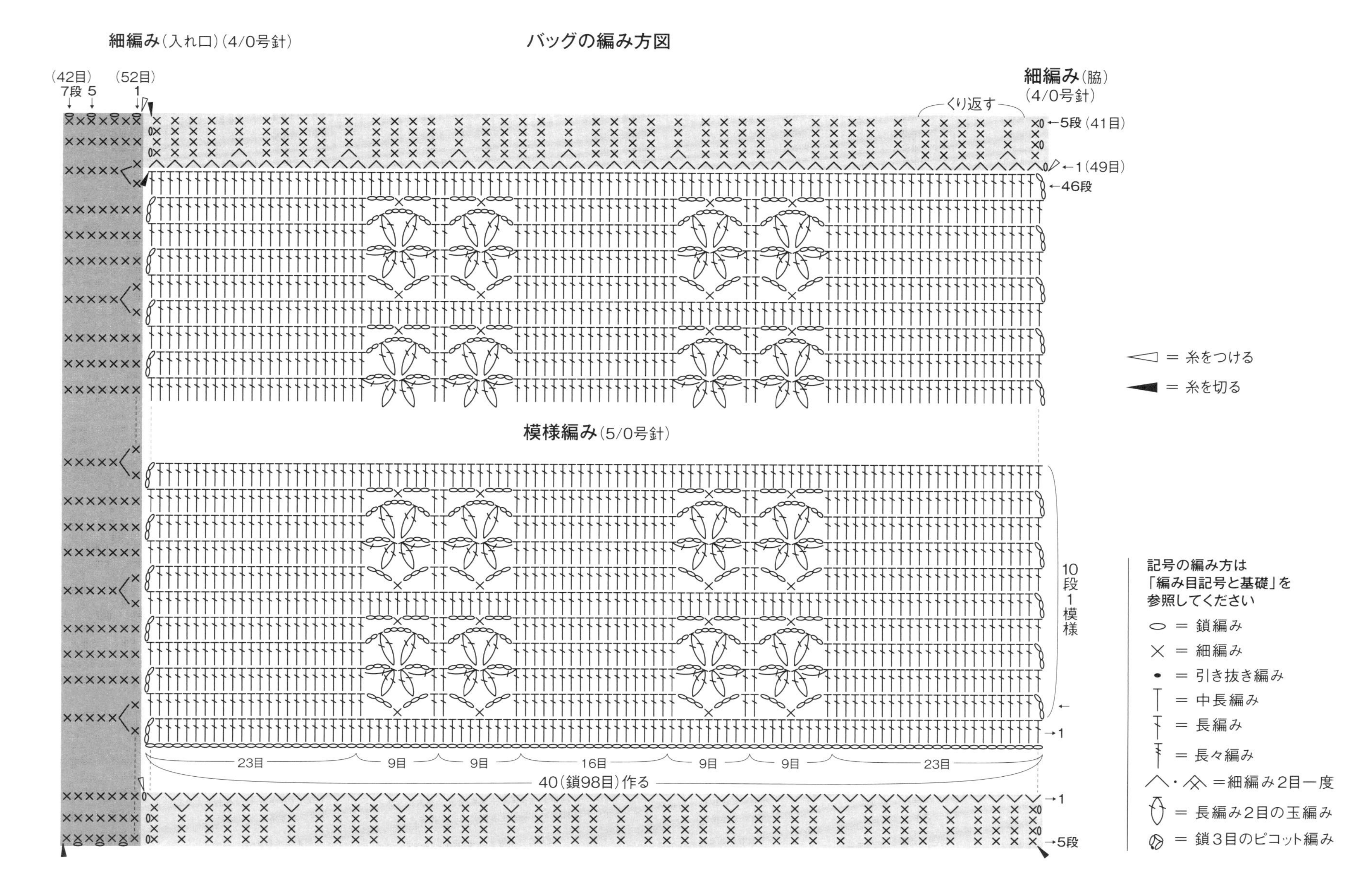
バッグの編み方図
細編み(入れ口)(4/0号針)
(42目)
7段 5
(52目)
1
細編み(脇)
(4/0号針)
くり返す
←5段(41目)
←1(49目)
←46段
模様編み(5/0号針)
10段1模様
→1
23目
9目
9目
16目
9目
9目
23目
40(鎖98目)作る
→1
→5段
= 糸をつける
= 糸を切る
記号の編み方は「編み目記号と基礎」を参照してください
= 鎖編み
= 細編み
= 引き抜き編み
= 中長編み
= 長編み
= 長々編み
=細編み2目一度
= 長編み2目の玉編み
= 鎖3目のピコット編み

まとめ

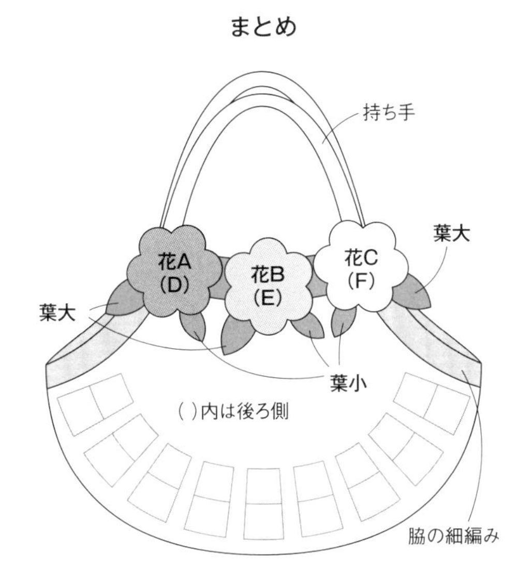

葉モチーフの配色

小	2・3段	グリーン
	1段 (鎖、引き抜き)	若草色
大	2・3段	グリーン
	1段 (鎖、引き抜き)	若草色

花モチーフの配色

A	3・4段	ブルーグリーン
	1・2段	薄いミントグリーン
	花芯	レモン色
B	3・4段	朱赤
	1・2段	ピンク
	花芯	レモン色
C	3・4段	すみれ色
	1・2段	ラベンダー
	花芯	レモン色
D	3・4段	レモン色
	1・2段	山吹色
	花芯	朱赤
E	3・4段	濃いブルー
	1・2段	ターコイズブルー
	花芯	レモン色
F	3・4段	ピンク
	1・2段	朱赤
	花芯	レモン色

花モチーフ A～F共通 各1枚

※すべて(4/0号針)

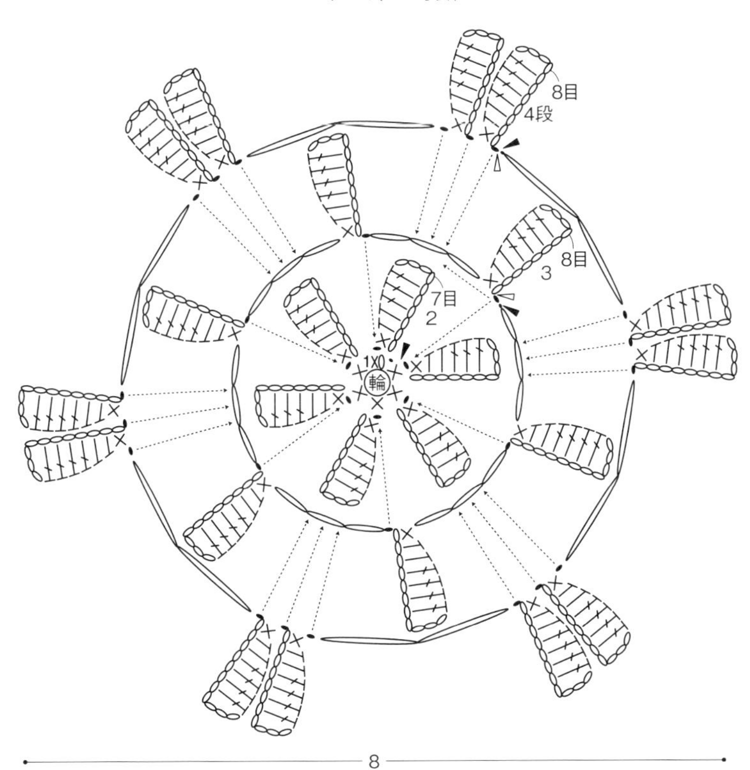

葉 (4/0号針)

※2段は各すじ編みで編む

(小) 6枚

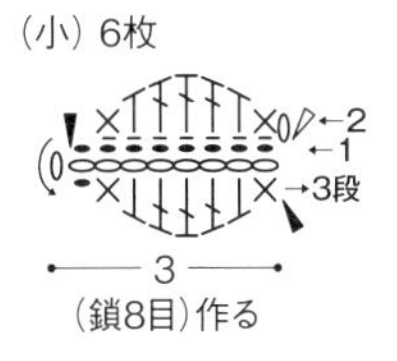

(大) 6枚

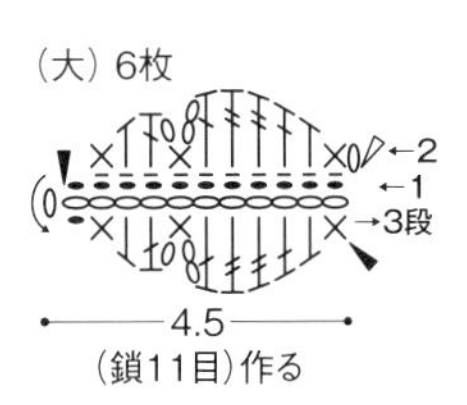

花芯

(4/0号針)
A～F共通
各1枚

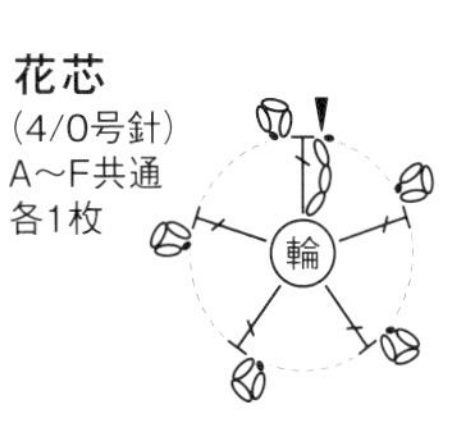

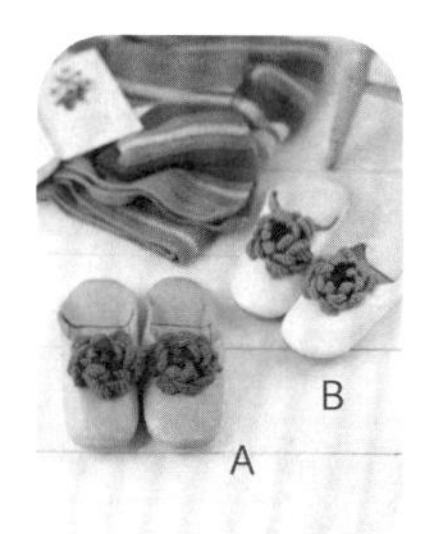

12 花飾りペアスリッパ

▸▸▸ P.18

糸 ユザワヤ マンセルメリノレインボウ(30g巻・約66m…並太タイプ)をAにローズピンク(125) 25g、紺(91)少々 Bにブルー(83) 25g、紫(122)少々

針 6/0号かぎ針

その他 市販のスリッパ各1組

でき上がり寸法 図参照

編み方ポイント

- 鎖編みの作り目で12目作り、それぞれ鎖の裏山を拾って外側の大きい花びらから順に、内側の花芯まで続けて編みます。
- 内側の花芯から巻いていき、形よくまとめて裏側で縫いとめます。
- スリッパにとめつけます。

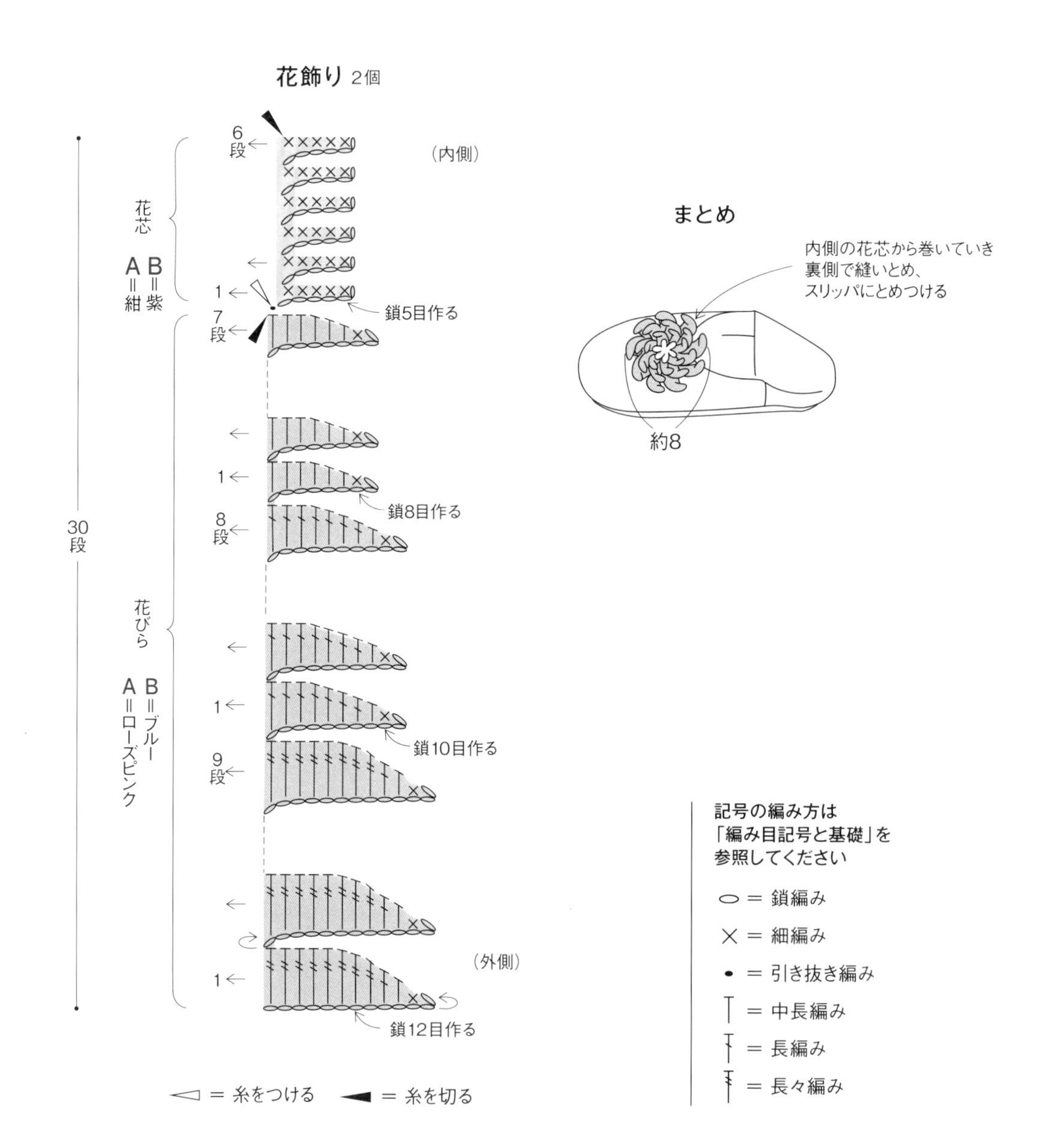

16 フリルボーダーのミニラグ

▸▸▸ P.21

糸 ユザワヤ マンセルメリノレインボウ(30g巻・約66m…並太タイプ)の生成り(143)120g、ベビーピンク(2)・ピンク(124)各25g、レモン色(46)・若草色(55)・薄いブルー(82)・すみれ色(108)各15g

針 6/0号かぎ針

でき上がり寸法 49×34cm

ゲージ(10cm四方) 模様編み 26目・9段

編み方ポイント

- 土台を生成りで編みます。鎖編みの作り目で112目作り、模様編みで増減なく29段編みます。
- 縁編みは土台の29段めから続けて、細編みは束に拾って編みます。
- フリルは指定の糸をつけ、長編みは土台を束に拾って矢印のように編み進みます。
- ポンポンはフリルと同じ色で直径2.5cm(50回巻き)で作り、両端につけます。

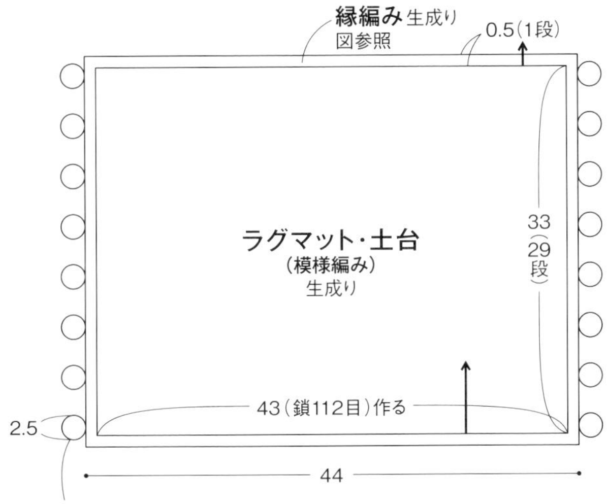

フリルの編みつけ方

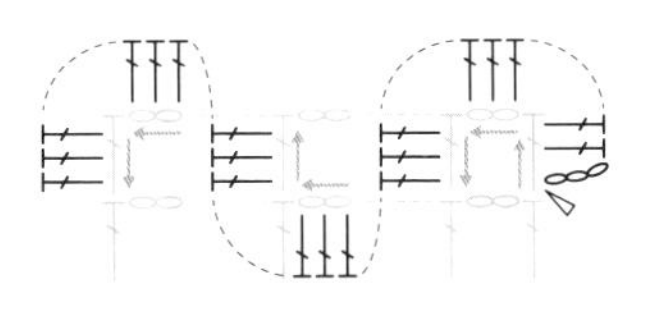

フリルの配色

29段	ピンク
27段	生成り
25段	ベビーピンク
23段	生成り
21段	薄いブルー
19段	生成り
17段	すみれ色
15段	生成り
13段	レモン色
11段	生成り
9段	若草色
7段	生成り
5段	ピンク
3段	生成り
1段	ベビーピンク

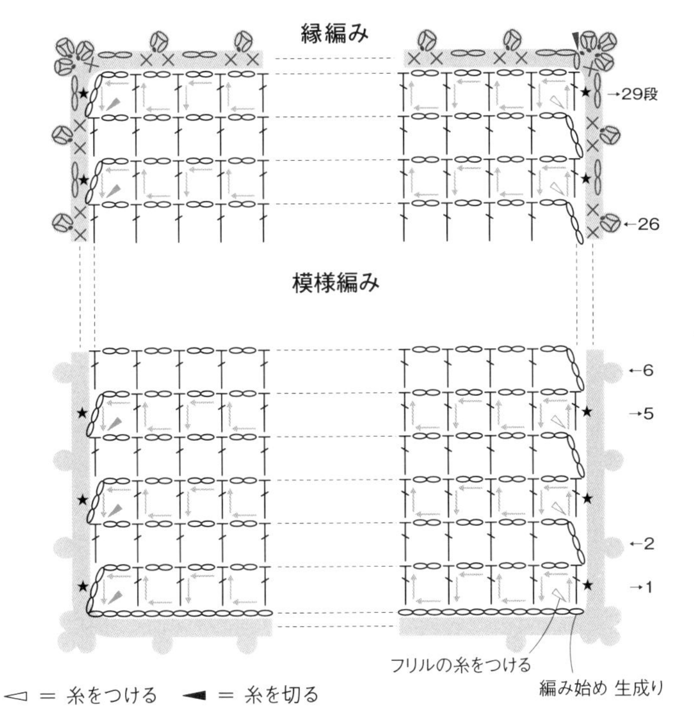

★ ＝ ポンポンつけ位置

⌐¬ ＝ フリル編み つけ方向・位置

記号の編み方は「編み目記号と基礎」を参照してください

- ○ ＝ 鎖編み
- × ＝ 細編み
- ● ＝ 引き抜き編み
- ⊤ ＝ 長編み
- ＝ 鎖3目のピコット編み

13 花刺しゅうの小物入れ

▸▸▸ P.19

糸 ユザワヤ マンセルメリノレインボウ（30g巻・約66m…並太タイプ）をAにピンク（124）、Bに薄いブルー（82）各65g

毛糸刺しゅう糸
DMC Art.486［8m束］をAにターコイズブルー（7037）・水色（7036）・ミントグリーン（7598）・薄いグリーン（7344）・リーフグリーン（7341）・イエロー（7435）、Bに赤（7666）・紫味ピンク（7603）・淡いピンク（7605）・薄いグリーン（7344）・リーフグリーン（7341）各少々

針 7/0号かぎ針

その他 刺しゅう用ガーゼ 10×10cm

ゲージ（10cm四方） 細編み 16.5目・16段

でき上がり寸法 直径9cm 深さ5cm

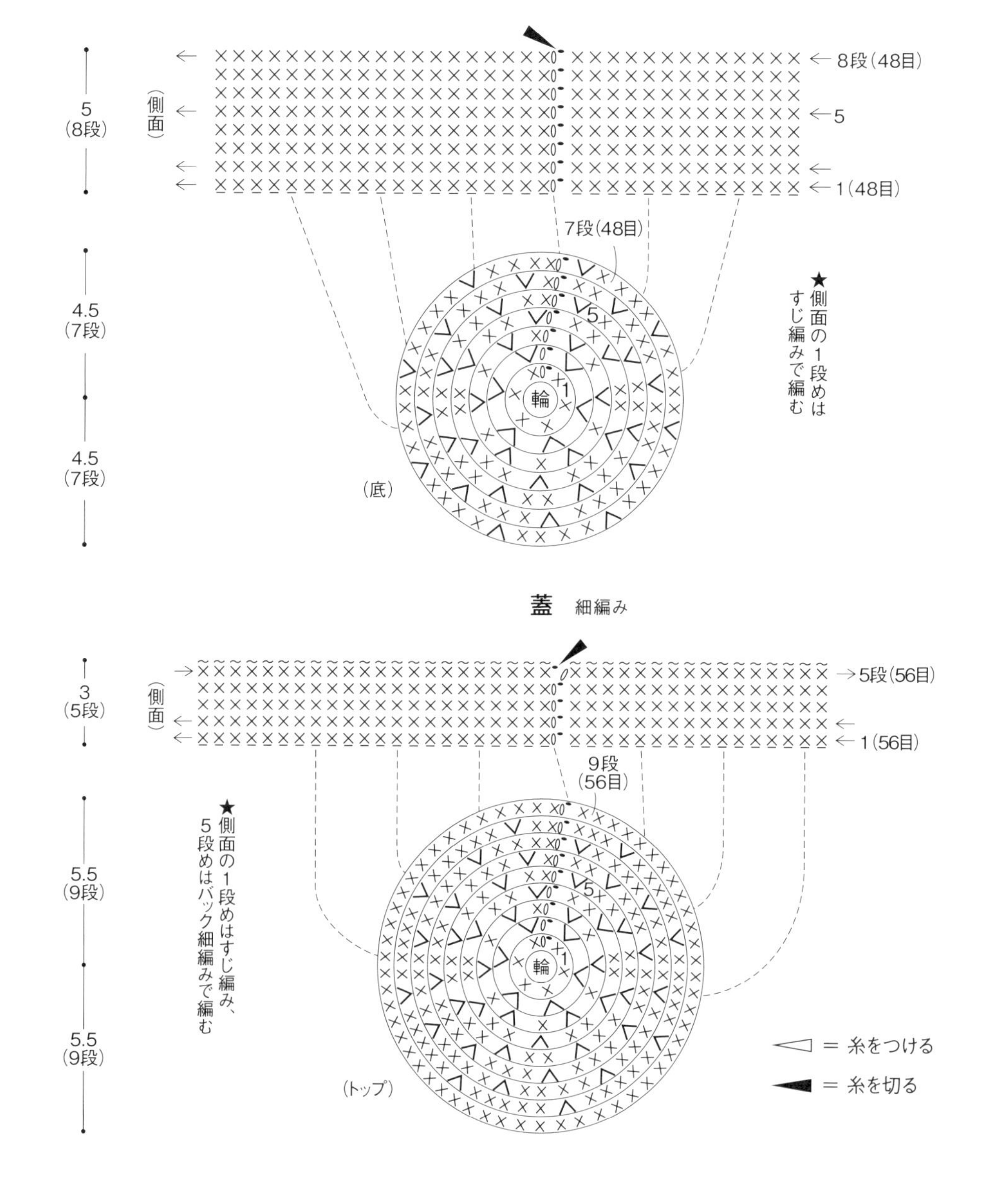

編み方ポイント

本体、蓋は糸２本どりで編みます。

- 本体は底から、蓋はトップから編み始めます。糸輪の作り目にし、細編みで図のように目を増しながら指定の段数を編みます。
- 続けて側面を編みますが、１段めはすじ編み（細編み）で編みます。２段めからは細編みで増減なく編んで、蓋の最終段のみバック細編み１段で整えます。
- 蓋の側面６箇所に等間隔で刺しゅうをします。
- ポンポンを作り、蓋中央にとめつけます。

まとめ

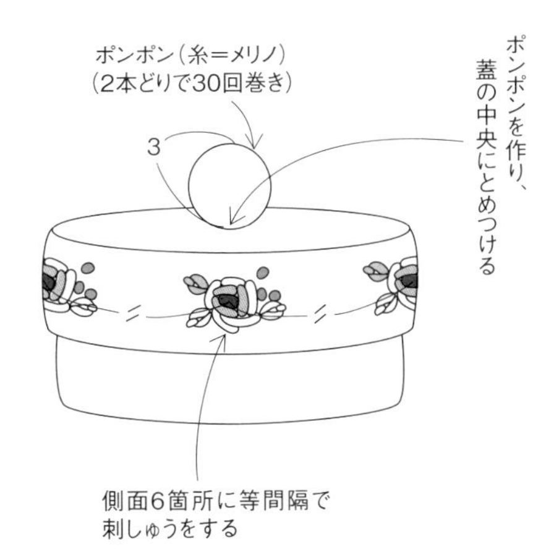

刺しゅうの実物大図案

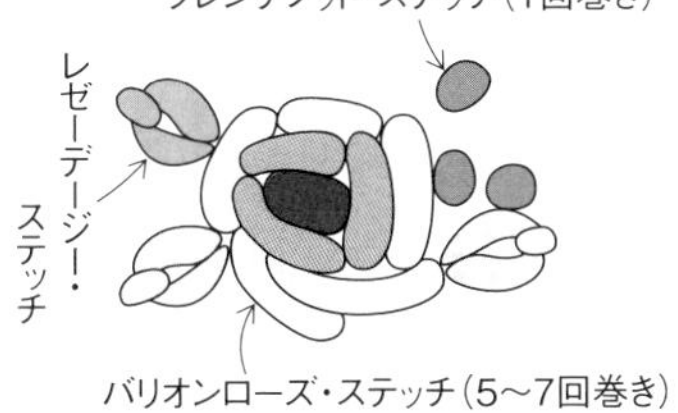

※刺しゅう位置の編み地の裏側に
ガーゼをあてて刺しゅうをする

※刺しゅうの刺し方は111ページを
参照してください。

刺しゅう糸配色

	A	B
	ターコイズブルー	赤
	水色	紫味ピンク
	ミントグリーン	淡いピンク
	薄いグリーン	薄いグリーン
	リーフグリーン	リーフグリーン
	イエロー	赤

記号の編み方は
「編み目記号と基礎」を
参照してください

○ ＝ 鎖編み

× ＝ 細編み

×̲ ＝ すじ編み（細編み）

V・V ＝ 細編み2目（増し目）

×̃ ＝ バック細編み

• ＝ 引き抜き編み

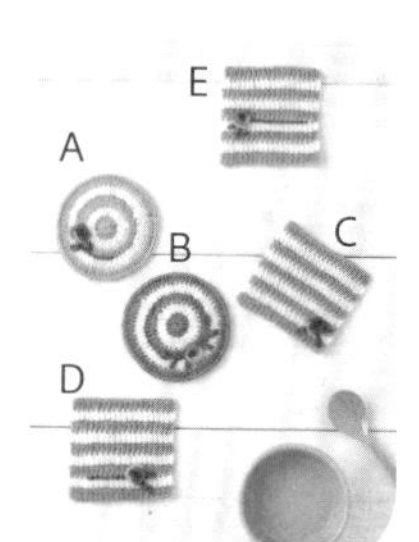

14・15 花刺しゅうつきコースター

▸▸▸ P.20

糸 ユザワヤ マンセルメリノレインボウ（30g巻・約66m…並太タイプ）

14 丸型　A：生成り（143）・からし色（47）各5g
　　　　　B：生成り（143）・すみれ色（108）各5g
15 角型　C：生成り（143）・ブルー（83）各5g
　　　　　D：生成り（143）・ピンク（124）各5g
　　　　　E：生成り（143）・薄いミントグリーン（73）各5g

毛糸刺しゅう糸

DMC Art.486［8m束］
A・C：濃い赤（7107）・ビビットピンク（7600）・淡いピンク（7605）・黄みグリーン（7909）各少々
B・E：濃い赤（7107）・桃色（7135）・薄いピンク（7151）・黄みグリーン（7909）各少々
D：濃い赤（7107）・ビビットピンク（7600）・薄いピンク（7151）・黄みグリーン（7909）各少々

針 5/0号かぎ針

でき上がり寸法

丸型 直径8.5cm、角型 8×8cm

ゲージ（10cm四方）

長編み縞 25目・11.5段

編み方ポイント

固めの編み地に仕上がるよう、糸の引き具合に注意します。

● 14 丸型
糸輪の作り目で編み始めます。鎖3目で立ち上がり、1段めに長編み13目編み入れ、2段めからは、指定色にかえて図のように増し目をしながら5段編みます。糸端の始末をして刺しゅうをします。

● 15 角型
鎖編みの作り目で20目作り、2段めからは、毎段指定の糸をつけて一方向に増減なく9段編みます。糸端の始末をして刺しゅうをします。

コースターA・B（丸型）

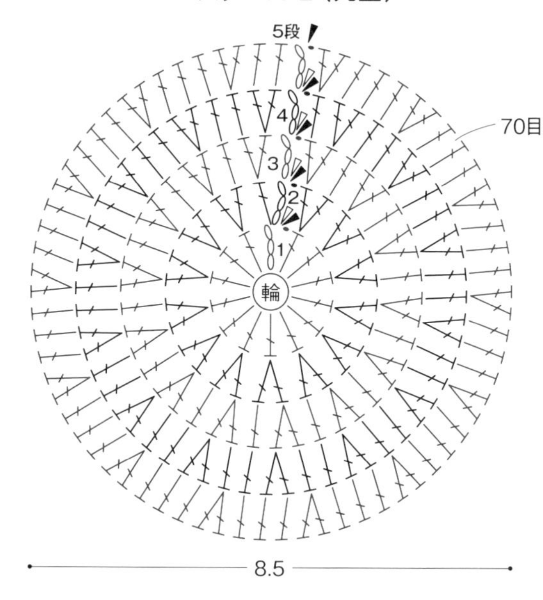

◁ ＝ 糸をつける
◀ ＝ 糸を切る

コースターC〜E（角型）

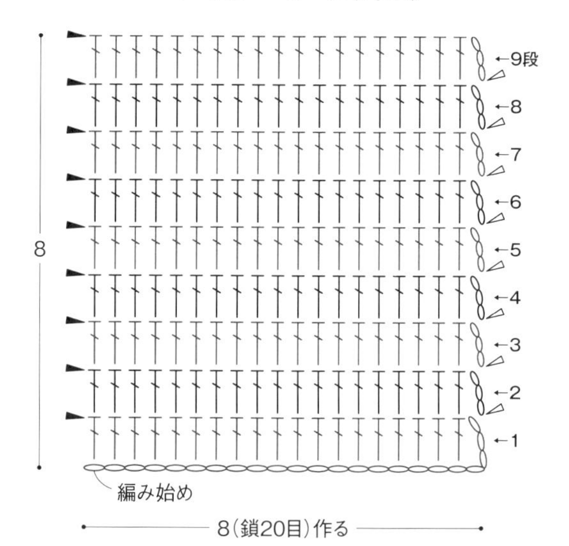

記号の編み方は「編み目記号と基礎」を参照してください

○ ＝ 鎖編み
• ＝ 引き抜き編み
長編み記号 ＝ 長編み
長編み2目記号 ＝ 長編み2目（増し目）

刺しゅう図案〈実物大〉

※刺しゅうの刺し方は
111ページを参照してください。

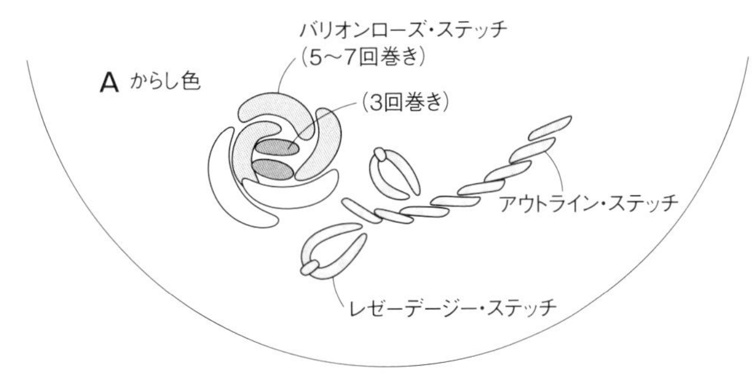

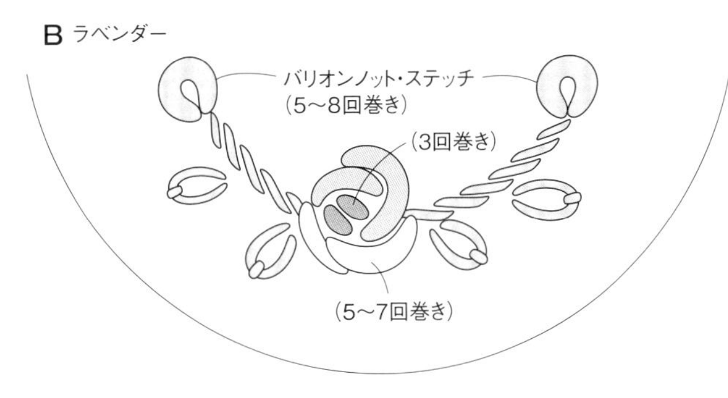

バラの配色
- a色
- b色
- c色

茎・葉
- d色

A配色

本体	2・4段	生成り
	1・3・5段	からし色
花刺しゅう糸	a色	濃い赤
	b色	ビビットピンク
	c色	淡いピンク
	d色	黄みグリーン

B配色

本体	2・4段	生成り
	1・3・5段	すみれ色
花刺しゅう糸	a色	濃い赤
	b色	桃色
	c色	薄いピンク
	d色	黄みグリーン

C配色

本体	2・4・6・8段	生成り
	1・3・5・7・9段	ブルー
花刺しゅう糸	a色	濃い赤
	b色	ビビットピンク
	c色	淡いピンク
	d色	黄みグリーン

D配色

本体	2・4・6・8段	生成り
	1・3・5・7・9段	ピンク
花刺しゅう糸	a色	濃い赤
	b色	ビビットピンク
	c色	薄いピンク
	d色	黄みグリーン

E配色

本体	2・4・6・8段	生成り
	1・3・5・7・9段	薄いミントグリーン
花刺しゅう糸	a色	濃い赤
	b色	桃色
	c色	薄いピンク
	d色	黄みグリーン

刺しゅう図案〈実物大〉

C ブルー

D ピンク

バリオンローズ・ステッチ
(5～7回巻き)
アウトライン・ステッチ
(3回巻き)
レゼーデージー・ステッチ

E ミント

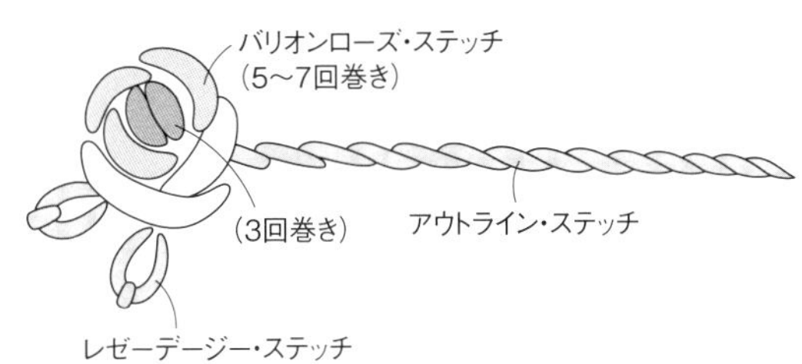

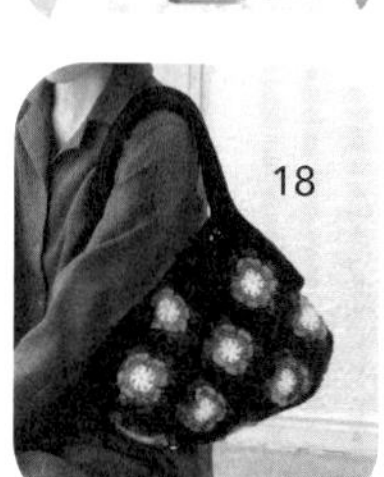

17・18　花モチーフのグラニーバッグ

▸▸▸ P.30

糸　17 並太タイプのストレートヤーン（30g巻・約57m）のパープル・グリーン・ブルー系段染めを260g
18　極太タイプのストレートヤーン（40g巻・約70m）の黒を170g、合太タイプのストレートヤーン（40g巻・約140m）のネイビーを35g、グレーを25g、オフ白を15g

針　17・18 共通　6/0 号かぎ針

その他
17　幅 2cm の革持ち手 40cm を 1 組
手縫い糸適宜
18　直径 1cm の綿ロープを 160cm

ゲージ　17　モチーフ 1 枚 15.5 × 15.5cm
18　モチーフ 1 枚 14 × 14cm

でき上がり寸法　17　口幅 42cm　深さ 23cm
18　口幅 36cm　深さ 21cm

編み方ポイント
- モチーフは鎖編みの作り目で輪に編みます。18 のモチーフは指定の配色で編みます。2 枚め以降も同様に計17枚編みます。
- モチーフどうしを外表に合わせ、モチーフ 7 段めの頭を 2 本拾って番号順に細編みでつなぎます。
- 17 は口回り、18 は入れ口、脇・持ち手を細編みで編み、図を参照してまとめます。

17・18 モチーフの配置図

★ 17・18ともにモチーフを17枚編み、
①〜⑧の順に一辺を細編みでつなぐ

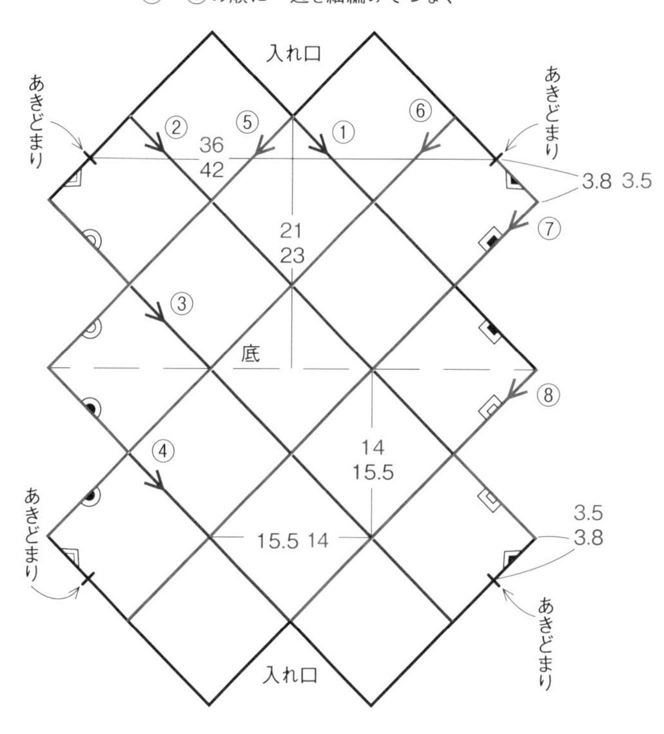

記号の編み方は
「編み目記号と基礎」を
参照してください

- ○ = 鎖編み
- × = 細編み
- = 細編み3目（増し目）
- = 細編み2目一度
- = 細編み3目一度
- = 長編み
- = 中長編み2目の玉編み
- = 長編み3目の玉編み
- = 長編み3目（増し目）
- • = 引き抜き編み

■文字の赤色は17、灰色は18、黒は共通です

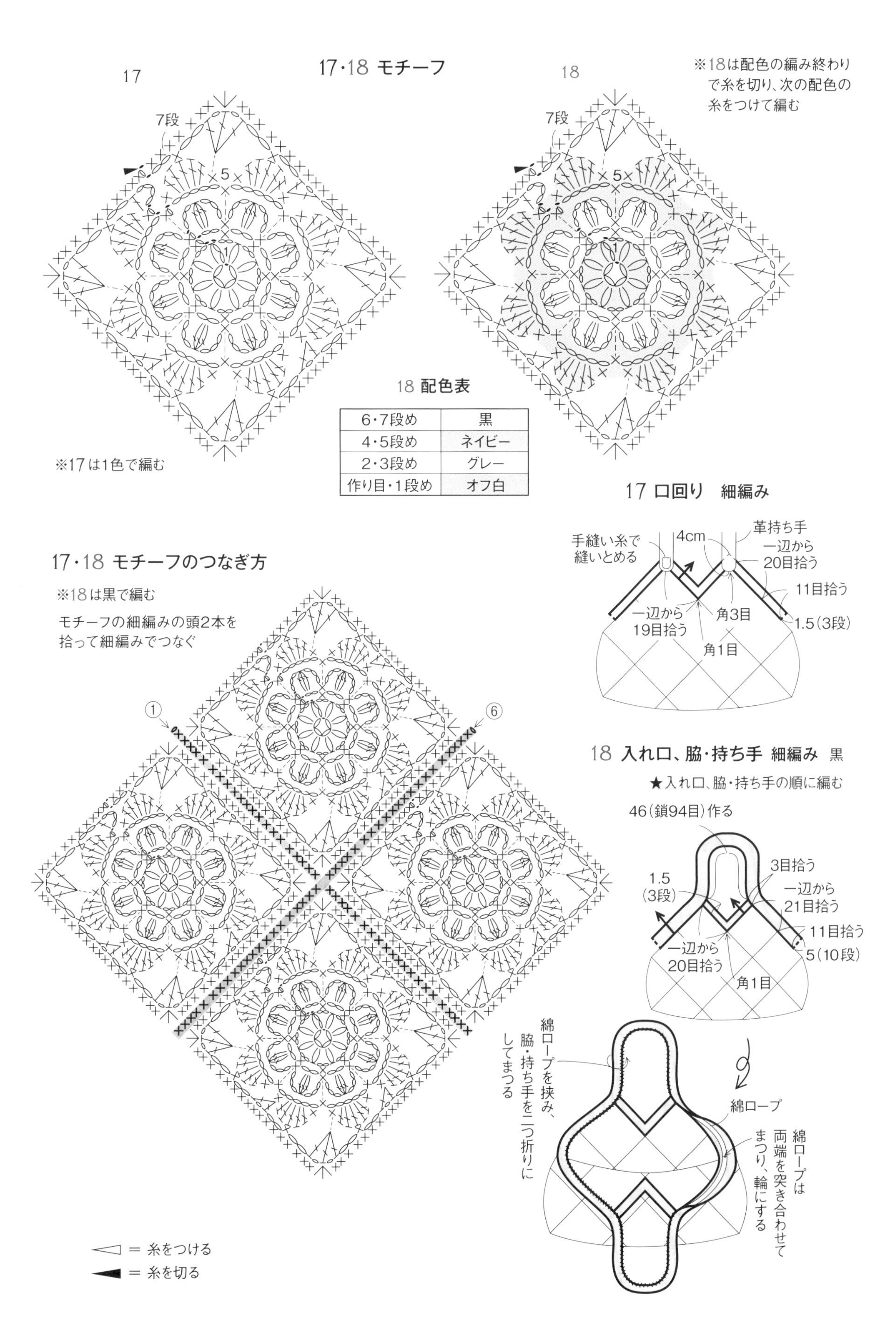

18 配色表	
6・7段め	黒
4・5段め	ネイビー
2・3段め	グレー
作り目・1段め	オフ白

17 口回りの編み方図

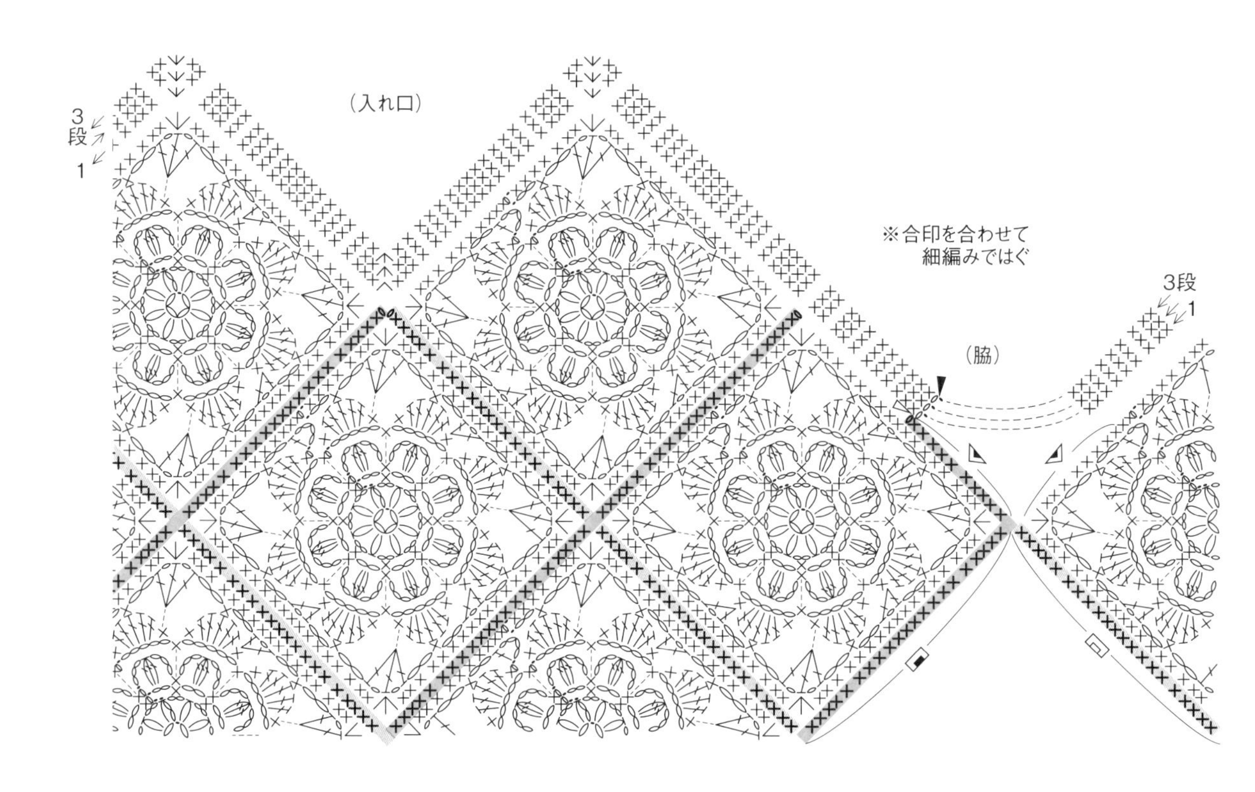

18 入れ口、脇・持ち手の編み方図

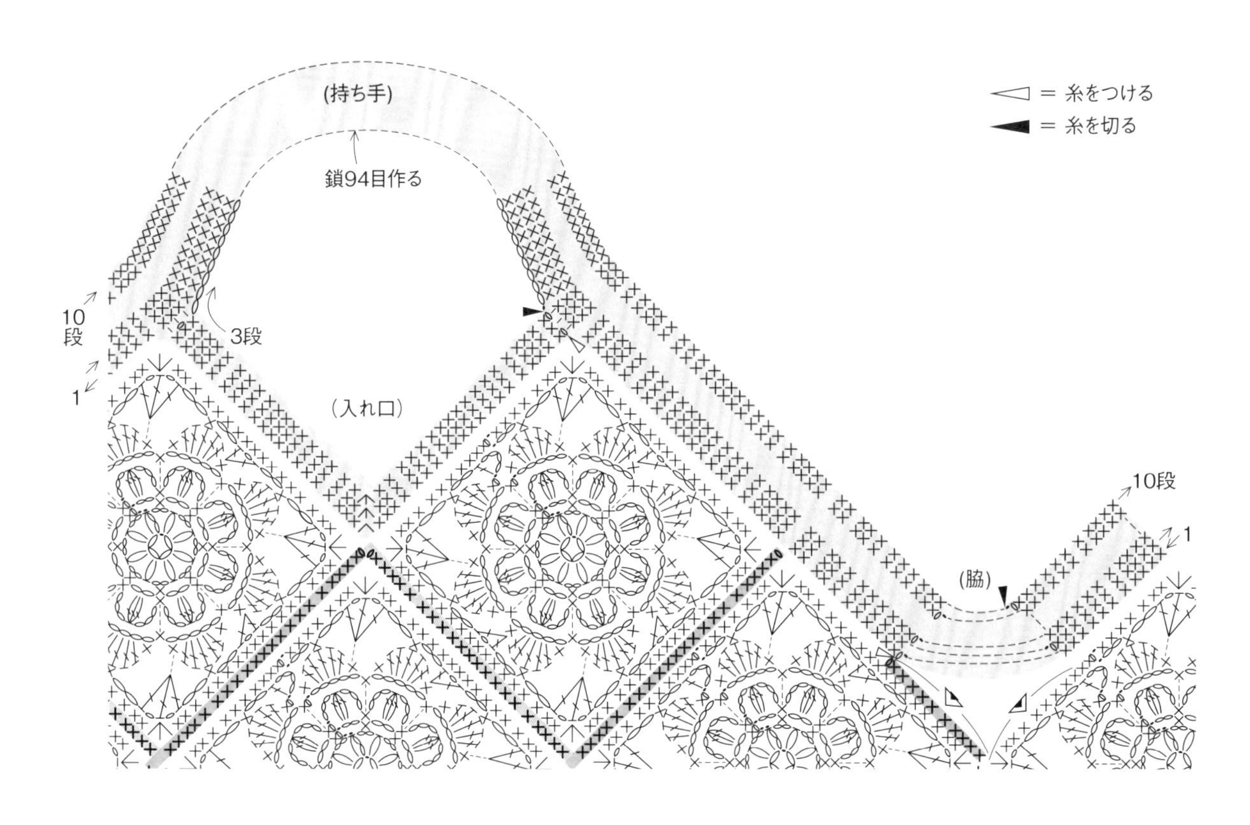

27・28 編み込みの帽子とバッグ

▸▸▸ P.36

糸 27 ダイヤモンド毛糸 ダイヤエポカ(40g巻・約81m…並太タイプ)の360(黒)を帽子に80g・バッグに140g、301(白)を帽子に60g・バッグに100g
28 ユザワヤ マンセルメリノレインボウ(30g巻・約66m…並太タイプ)の132(茶色)を帽子に80g・バッグに130g、18(キャロット色)を帽子に50g・バッグに60g

針 27・28共通 5/0号かぎ針

その他
27・28共通 裏布を78×27cm(バッグ)
28 長さ42cmの市販の持ち手を1組

ゲージ(10cm四方) 27・28共通
A・B・C編み込み模様24.5目・21.5段

でき上がり寸法 27・28共通
〈帽子〉 頭回り50cm 深さ20.5cm
〈バッグ〉 口幅25cm 深さ35cm

編み方ポイント
A・B・C編み込み模様は指定の配色で、一方向に渡り糸を編みくるみながら輪で編みます。

〈帽子〉
- 鎖編みの作り目でA・B・C編み込み模様とすじ編みで増減なく編みます。
- 27のみ最終段でひも通し穴を作ります。27はひもとタッセル、28はポンポンを作ってまとめます。

〈バッグ〉
- 鎖編みの作り目で底から側面へとすじ編み、A・B・C編み込み模様で編みます。
- 27は持ち手を細編みで編み、27、28ともにまとめ図を参照して持ち手と裏布をつけます。

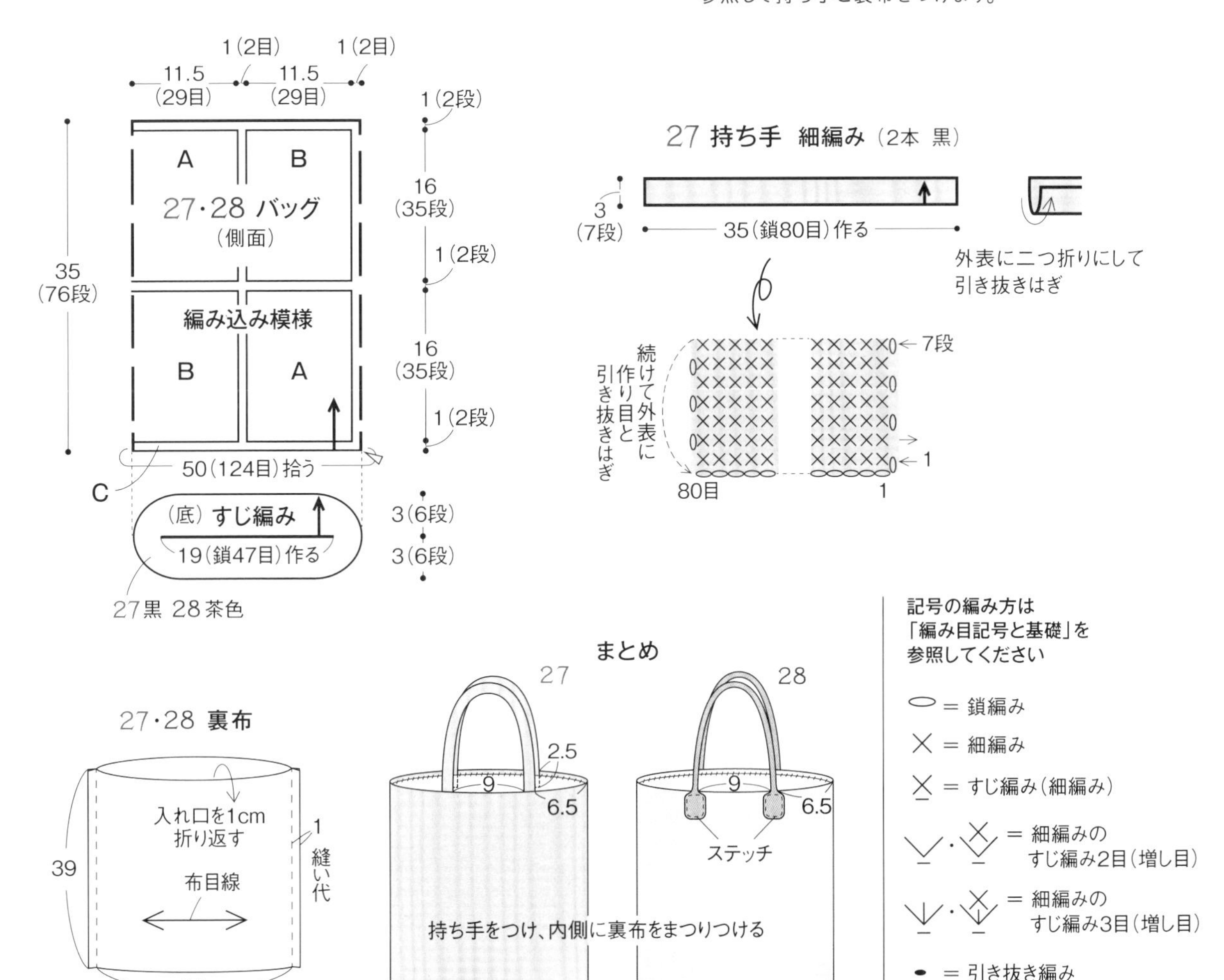

■ 文字の灰色は27、赤色は28、黒は共通です

27・28 バッグの編み方図

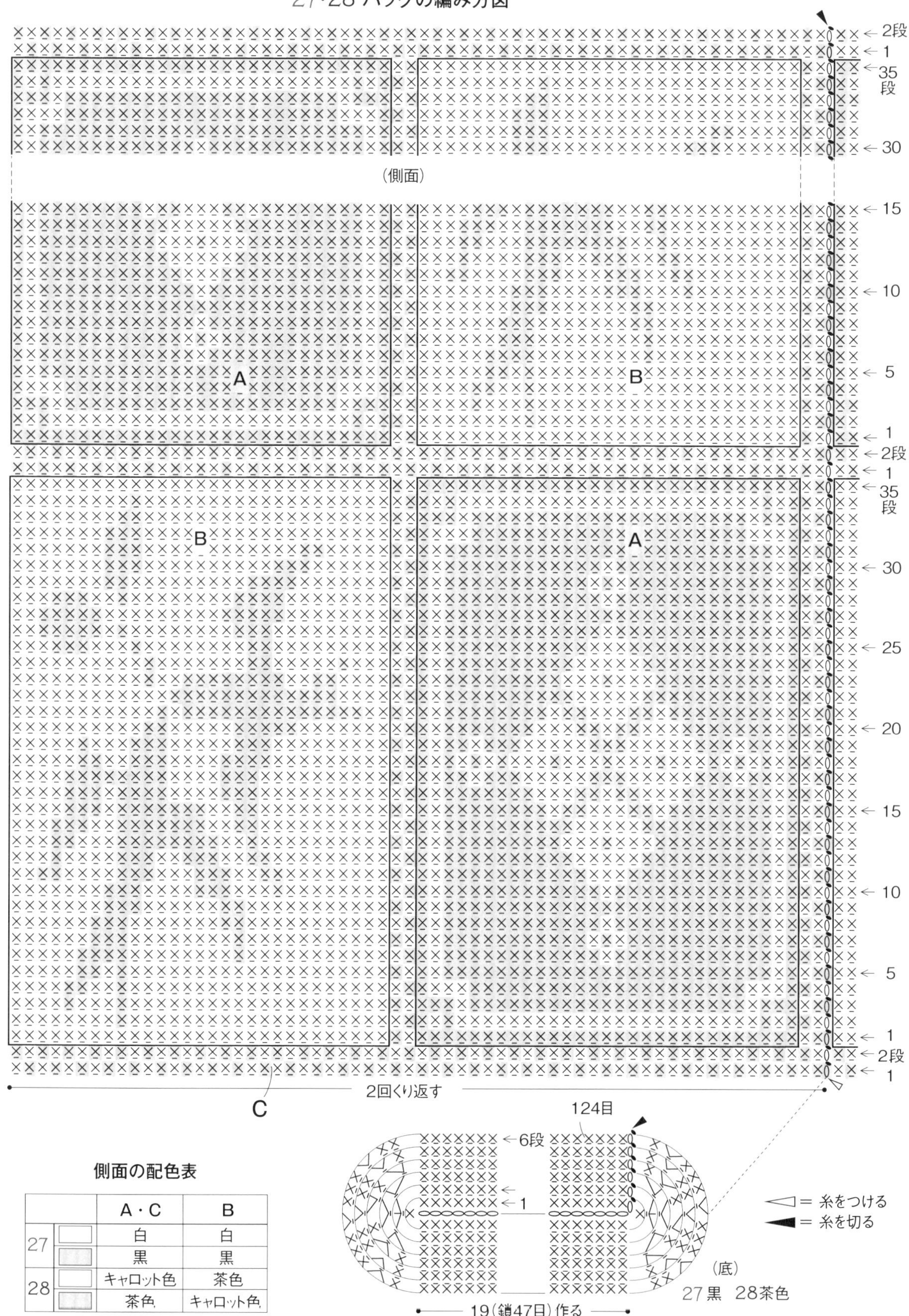

側面の配色表

		A・C	B
27	(白)	白	白
	(黒)	黒	黒
28	(白)	キャロット色	茶色
	(茶色)	茶色	キャロット色

帽子の編み方図

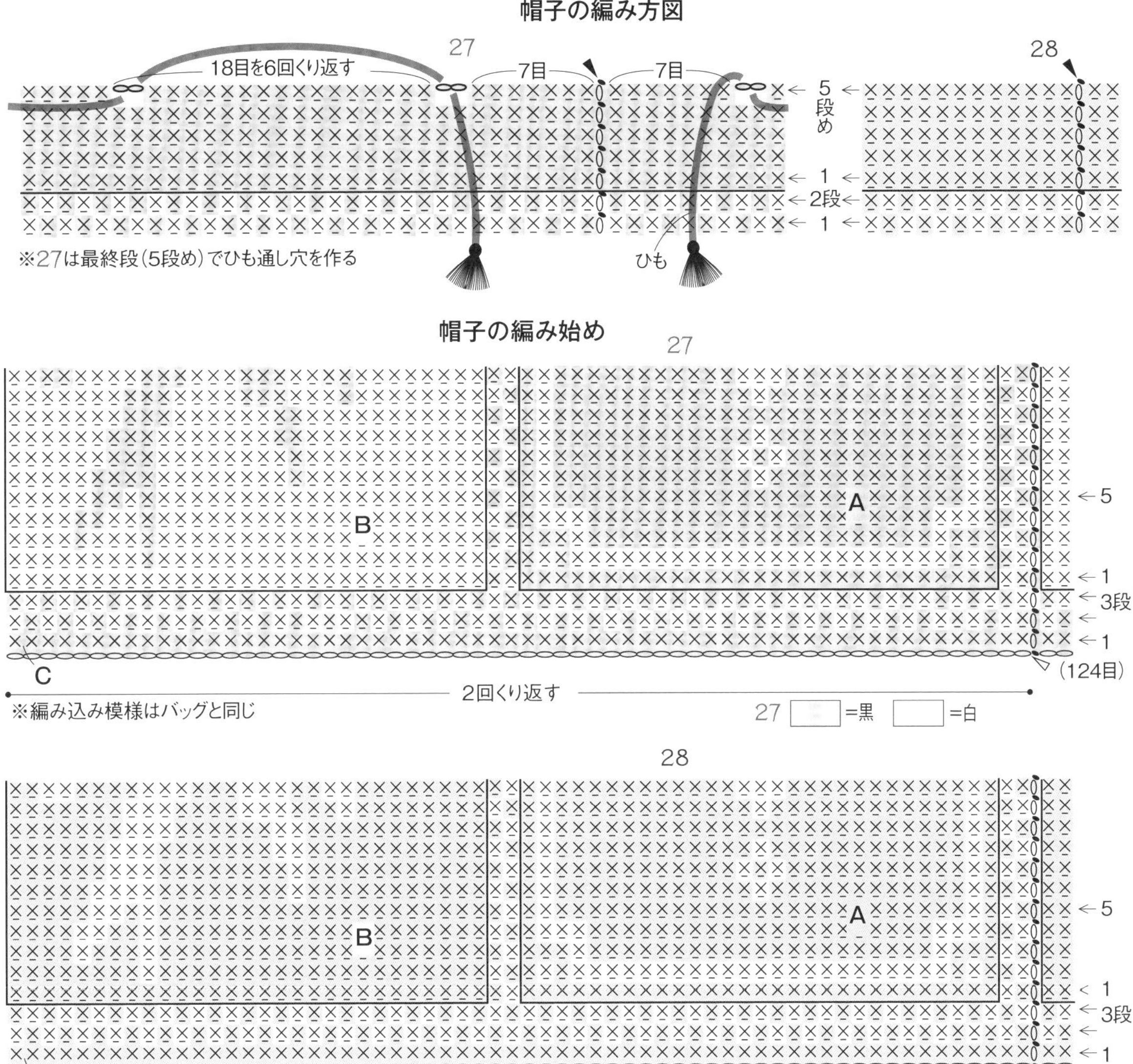

2回くり返す

※編み込み模様はバッグと同じ

28 ＝茶色 ＝キャロット色

27・28 帽子　本体　編み込み模様

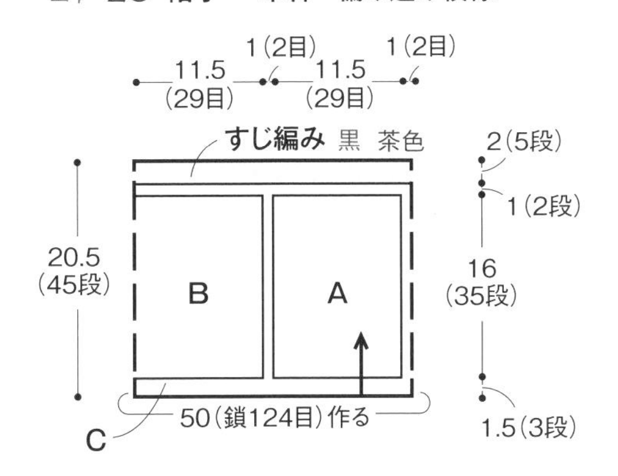

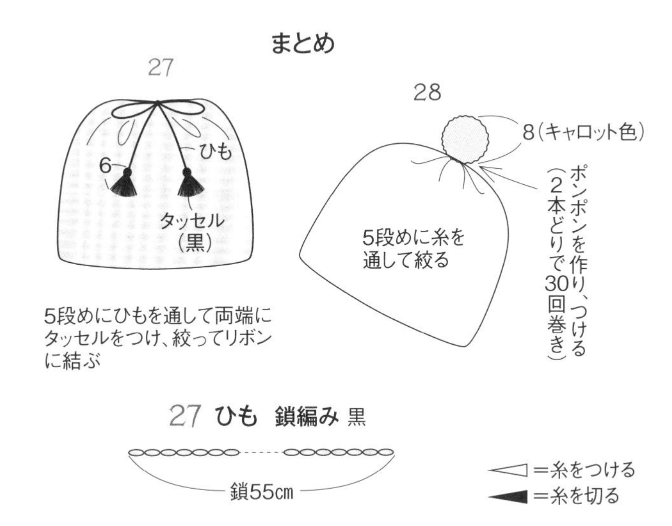

■文字の灰色は27、赤色は28、黒は共通です

19・20 六角モチーフバッグ

▸▸▸ P.32

19

20

糸 19 ユザワヤ マンセルメリノレインボウ(30g巻・約66m…並太タイプ)の57(濃いグリーン)80g、47(からし色)60g、37(ダークブラウン)・45(アイボリー)・56(カーキ) 各50g
20 並太タイプのストレートヤーン(40g巻・約151m)の赤系段染めを100g、ベージュ系段染めを50g

針 19・20共通 6/0号かぎ針

その他
19 裏布を55×61cm 接着芯を18×14cm
持ち手に20×10cmのウッドタイプを1組
20 裏布を60×61cm 接着芯を18×14cm
持ち手に幅1cmの革ひもを40cm×2本

でき上がり寸法 19 幅39cm 深さ26.5cm
20 幅39cm 深さ30cm

編み方ポイント
- モチーフは糸輪の作り目をして編みます。19は指定の配色、20は指定の色で編みます。モチーフを図の様に配置しながら、3段めで隣り合うモチーフと編みつなぎます。
- 裏布に内ポケットをつけ、図のように縫ってバッグにまつります。19は持ち手を折り返し分でくるみ、まつります。

19・20 モチーフつなぎ

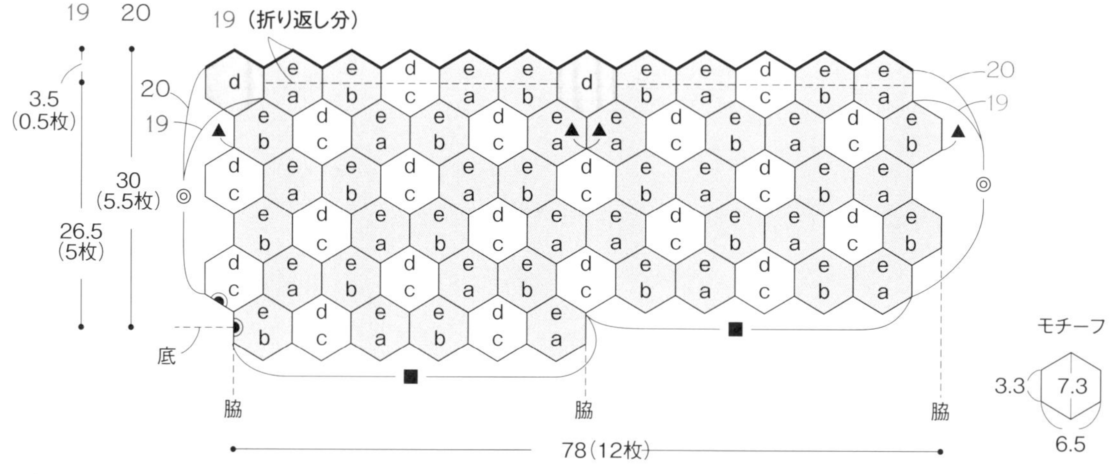

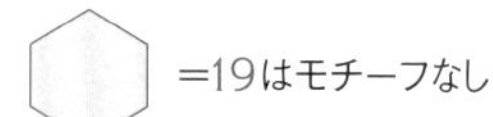
＝19はモチーフなし

■、◎＝合印どうしモチーフをつなぐ
19 ▲＝あきどまり

◀＝糸を切る

配色表

19	a 22枚	b 22枚	c 20枚
3段め	濃いグリーン	カーキ	からし色
2段め	ダークブラウン	アイボリー	濃いグリーン
1段め	からし色	ダークブラウン	アイボリー

20	d 22枚	e 44枚
	ベージュ系段染め	赤茶系段染め

19・20 モチーフ

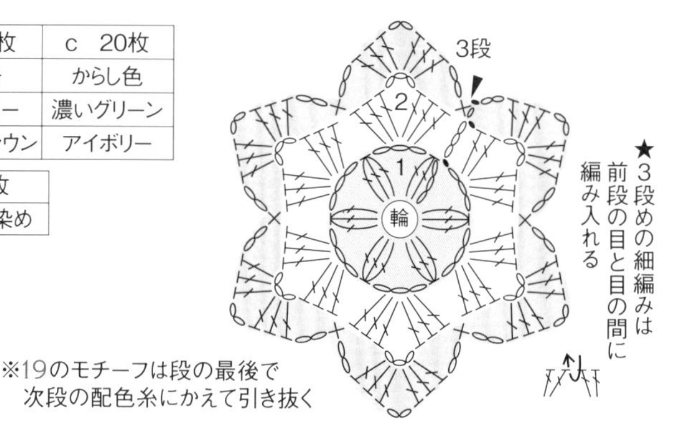

※19のモチーフは段の最後で次段の配色糸にかえて引き抜く

■文字の灰色は19、赤色は20、黒は共通です

19・20 モチーフのつなぎ方

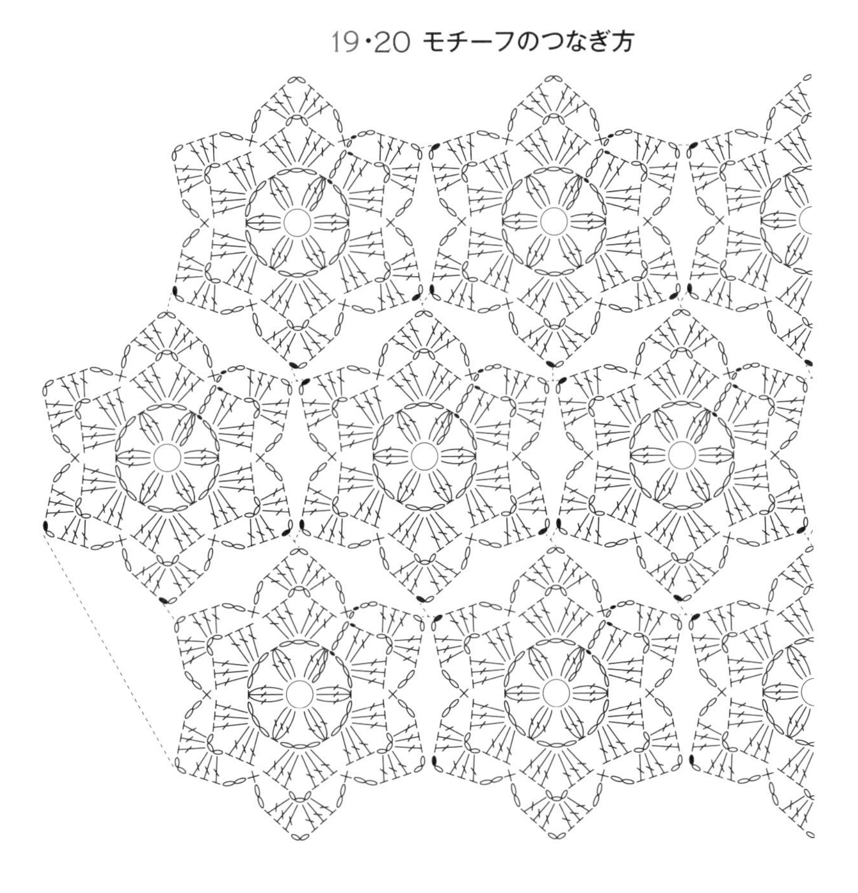

モチーフの編みつなぎ方
（引き抜き編みでつなぐ場合）

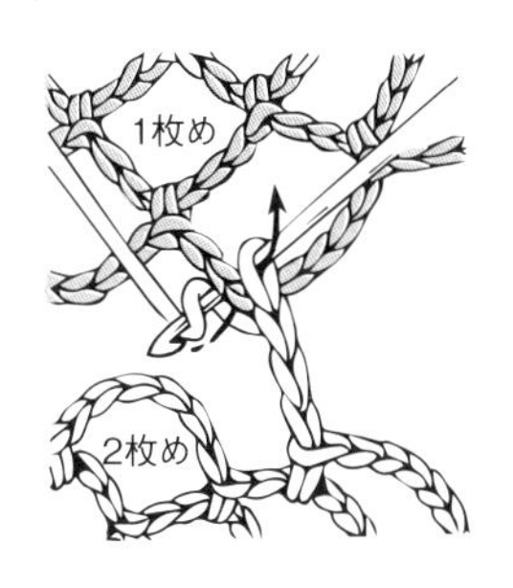

※3枚めのモチーフは
2枚めの引き抜き編み目
に引き抜く

記号の編み方は
「編み目記号と基礎」を
参照してください

- ⬭ ＝ 鎖編み
- × ＝ 細編み
- 長編み記号 ＝ 長編み
- 玉編み記号 ＝ 長編み3目の玉編み
- ● ＝ 引き抜き編み

19・20 裏布

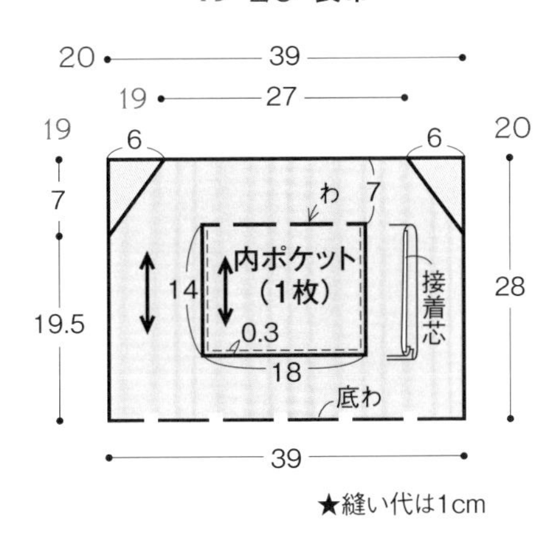

★縫い代は1cm

20 まとめ

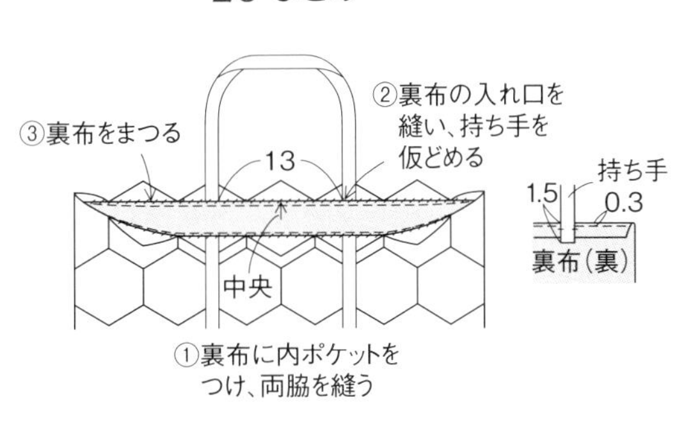

19 まとめ

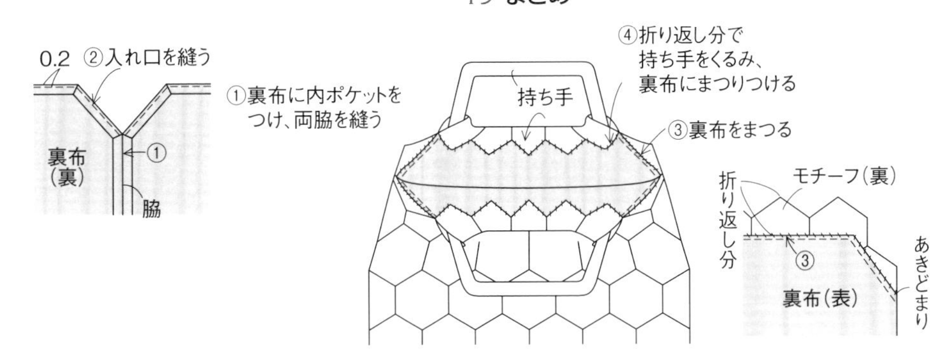

21・22 立体モチーフバッグ

P.33

21

22

糸 21　並太タイプのストレートヤーン（30g巻・約70m）のグリーン系を125g、ネイビー系を90g、マスタード色系を70g、ブルーグリーン系を45g
22　極太タイプのストレートヤーン（50g巻・約83m）のブルーグレーを170g、並太タイプのストレートヤーン（40g巻・約95m）のピンク・水色系段染めを80g

針 21・22共通　7/0号かぎ針

その他
21　裏布を58×58cm
幅2cmのベルト芯を166cm
22　裏布を42×50cm
内径15.5×9.5cmの持ち手を1組

ゲージ 21・22共通
モチーフ1枚 8×8cm

でき上がり寸法 図参照

編み方ポイント
- モチーフは糸輪の作り目で、2枚めからは隣り合うモチーフと引き抜いて編みつなぎます。
- モチーフから目を拾い、入れ口、脇まちの順に編みますが、21は脇まちに続けて鎖編みの作り目で目を作り、持ち手を編みます。
- まとめ図を参照してそれぞれまとめ、裏布を縫って本体裏にまつりつけます。

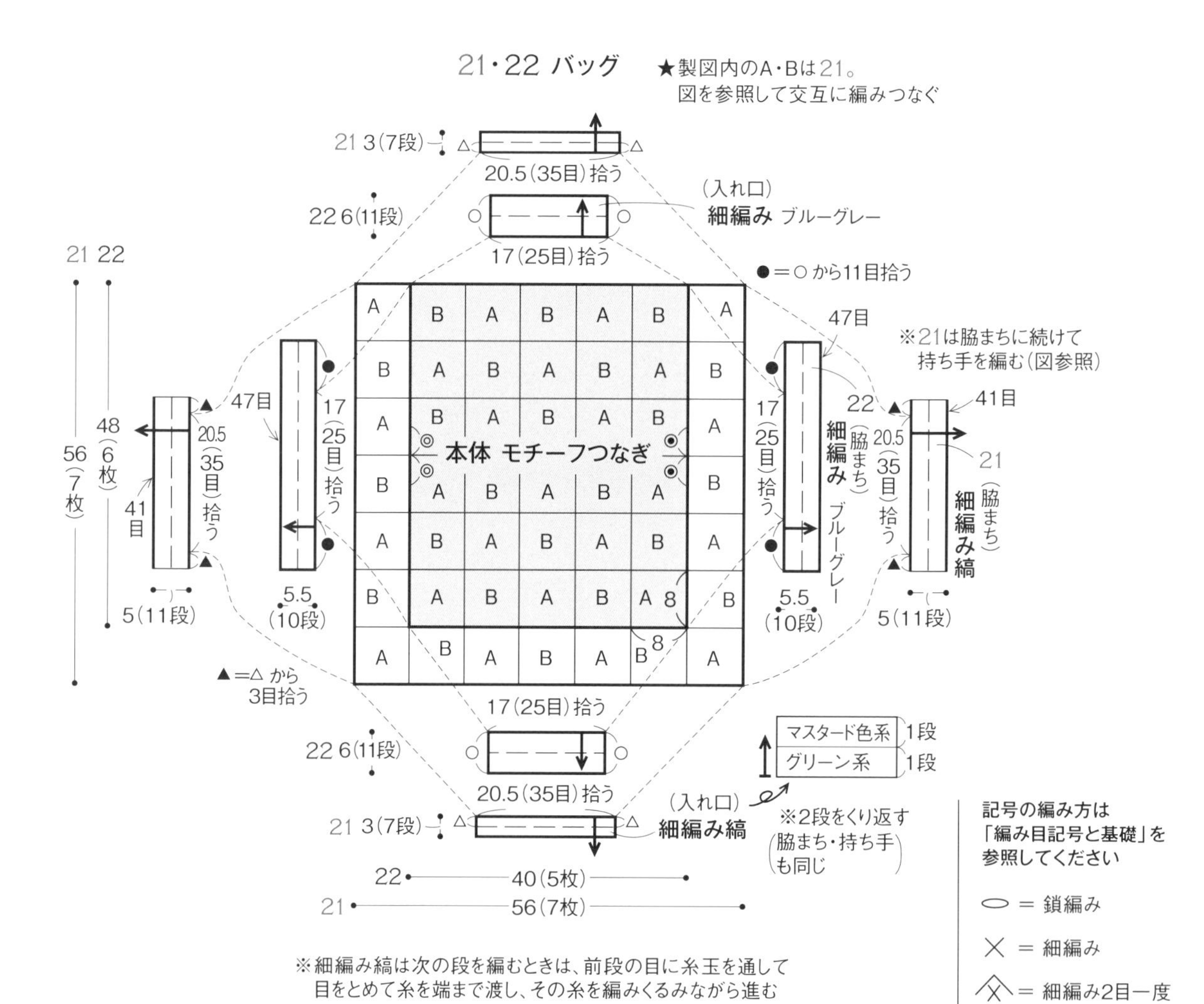

※細編み縞は次の段を編むときは、前段の目に糸玉を通して目をとめて糸を端まで渡し、その糸を編みくるみながら進む

記号の編み方は「編み目記号と基礎」を参照してください
- ○ = 鎖編み
- × = 細編み
- = 細編み2目一度
- = 長編み
- = 中編み4目の玉編み
- • = 引き抜き編み

■文字の灰色は21、赤色は22、黒は共通です

21・22 モチーフの編み方とつなぎ方

21・22 配色表

段数	21−A 25枚	21−B 24枚
4・5段	グリーン系	ネイビー系
3段	マスタード色系	ブルーグリーン系
1・2段	グリーン系	ネイビー系

段数	22 30枚
4・5段	ブルーグレー
3段	段染め（ピンク部分）
1・2段	段染め（水色・ベージュ部分）

★22は段染めに現れる色ごとに使い分ける

※1段めの編み終わりに引き抜いたら、針にかかったループをのばして2段めに続ける

※モチーフはすべて鎖の裏山を引き抜いてつなぐ

◁＝糸をつける　◀＝糸を切る

22 入れ口と脇まちの目の拾い方

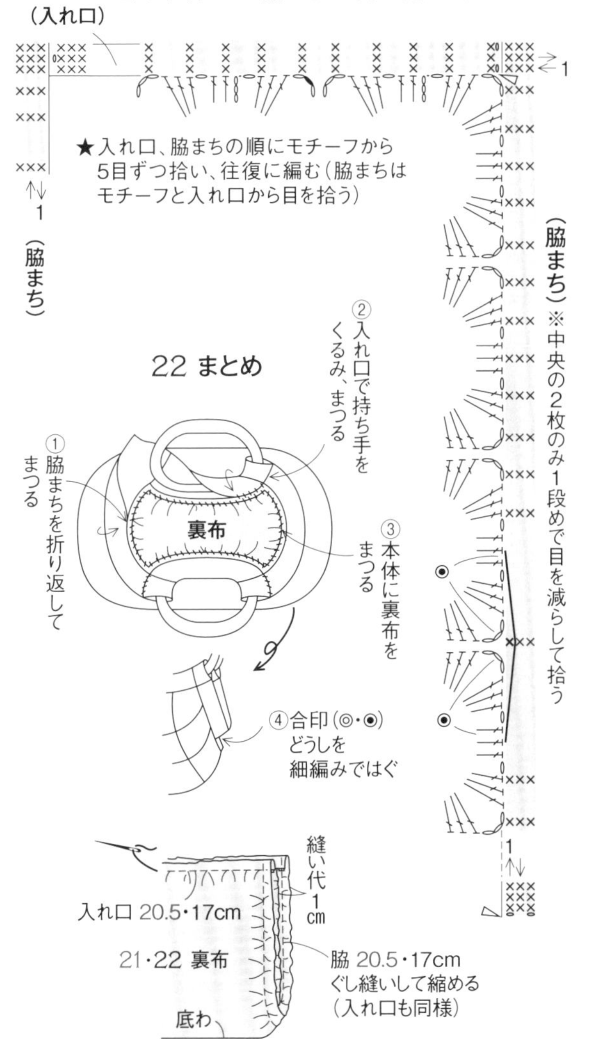

21 入れ口、脇まちの目の拾い方と持ち手の編み方

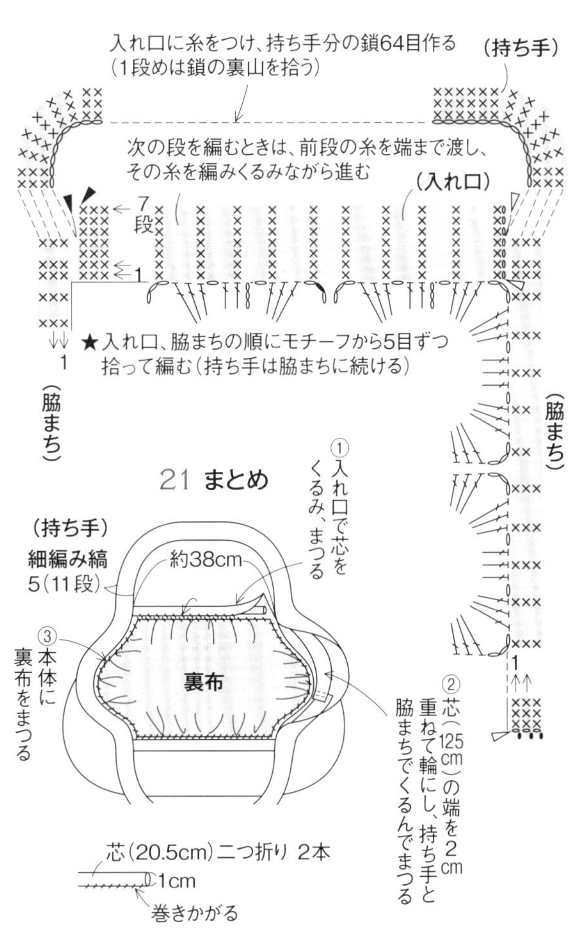

23・24 ラウンドバッグ

▸▸▸ P.34

糸 23　極太タイプのファンシーヤーン（40g巻・約40m）の赤系段染めを395g、極太タイプのストレートヤーン（30g巻・約42m）のえんじを40g
24　極太タイプのストレートヤーン（100g巻・約84m）の黒を95g、生成りを75g

針 23　8/0号・7/0号かぎ針
24　10/0号かぎ針

ゲージ（10cm四方） 23　細編み14目・15.5段（側面）
24　細編み縞12目・11.5段

でき上がり寸法 23　口幅45.5cm　深さ27cm
24　口幅30cm　深さ17cm

編み方ポイント

- 底は糸輪の作り目をして目を増しながら細編みで編みます。続けて側面を編みますが、1段めはすじ編みを編みます。
- 持ち手は鎖編みの作り目をして23は細編み、24は中長編みで編みます。23は図のように持ち手を巻きかがり、24は裏を表に使用し、本体の指定位置につけます。
- 23はくるみボタン、ボタンループ、フリンジを指定の位置につけます。

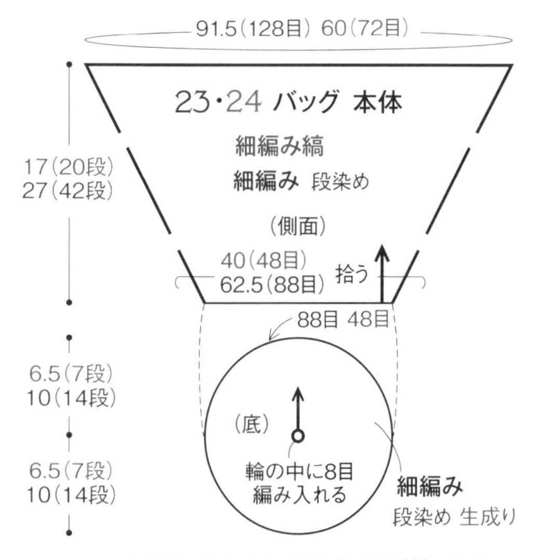

★23はくるみボタン以外（8/0号針）で編む

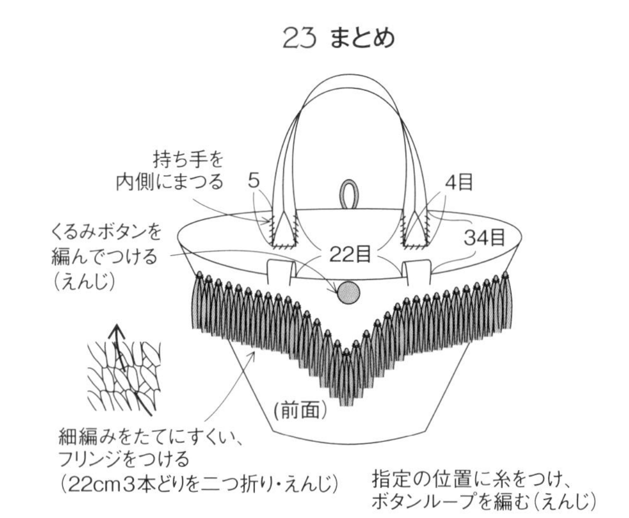

9
（鎖20目）
10目　10目
×××××××× ← 42段
10目　10目
（後ろ面）

記号の編み方は
「編み目記号と基礎」を
参照してください

○ ＝ 鎖編み
× ＝ 細編み
×̲ ＝ すじ編み（細編み）
V・✕V ＝ 細編み2目（増し目）
Λ・✕Λ ＝ 細編み2目一度
T ＝ 中長編み
● ＝ 引き抜き編み

23 くるみボタン

細編み（7/0号針）えんじ

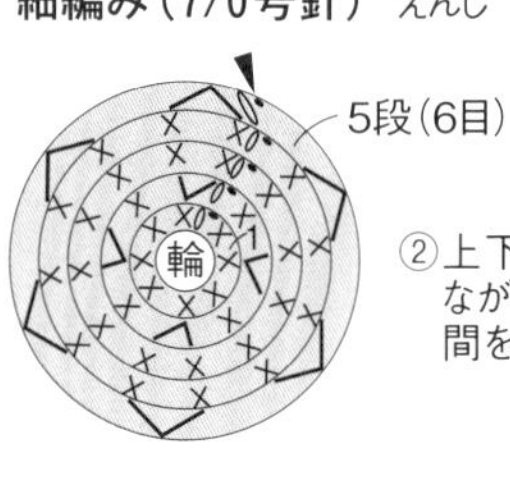

②上下に押しつぶし
ながら1段めと2段めの
間を共糸で縫いとめる

①共糸を詰め、最終段の
頭に糸を通して絞りどめる

■文字の赤色は23、灰色は24、黒は共通です

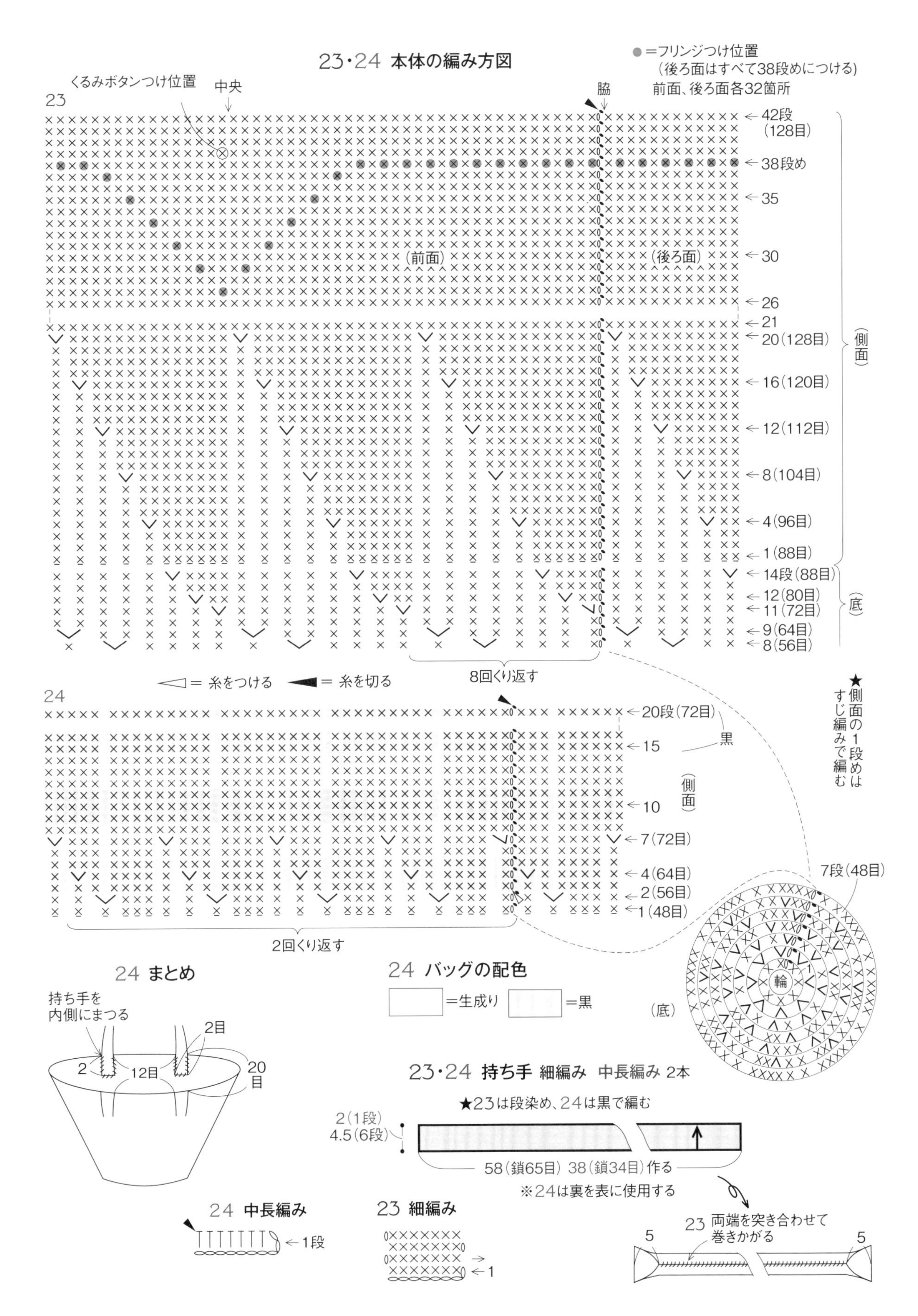

23・24 本体の編み方図
●＝フリンジつけ位置
（後ろ面はすべて38段めにつける）
前面、後ろ面各32箇所
くるみボタンつけ位置
中央
脇
23
42段
（128目）
38段め
35
30
26
21
20（128目）
16（120目）
12（112目）
8（104目）
4（96目）
1（88目）
14段（88目）
12（80目）
11（72目）
9（64目）
8（56目）
（前面）
（後ろ面）
（側面）
（底）
8回くり返す
◁＝糸をつける ◀＝糸を切る
★側面の1段めはすじ編みで編む
24
20段（72目）
15
10
7（72目）
4（64目）
2（56目）
1（48目）
黒
（側面）
2回くり返す
7段（48目）
輪
（底）
24 まとめ
持ち手を
内側にまつる
2目
2
12目
20
目
24 バッグの配色
＝生成り
＝黒
23・24 持ち手 細編み 中長編み 2本
★23は段染め、24は黒で編む
2（1段）
4.5（6段）
58（鎖65目）38（鎖34目）作る
※24は裏を表に使用する
23 両端を突き合わせて
巻きかがる
5
5
24 中長編み
1段
23 細編み
1

25

26

25・26 円形底のバッグ

P.35

糸 25　極太タイプのストレートヤーン（50g巻・約100m）のえんじ・グリーン・紫系段染めを150g、並太タイプのストレートヤーン（40g巻・約73m）の黒・薄茶・えんじを各40g
26　超極太タイプのファンシーヤーン（80g巻・約96m）の紫・ブルー系段染めを300g

針 25・26共通　8/0号かぎ針

その他
25　裏布を44×71.5cm
直径1.5cm・長さ60cmの持ち手芯
26　裏布を53.5×82.5cm　幅1.5cm、長さ58cmの市販の持ち手（合皮）を1組
直径30cmのバッグ底板

ゲージ 25　細編み縞14目・14段
26　細編み12目・11段

でき上がり寸法 図参照

編み方ポイント
● 底は糸輪の作り目をして目を増しながら細編みで編みます。続けて側面を編みますが、25は指定の配色で編みます。
● 25は持ち手とひもを編みます。裏布を縫い、図を参照して仕上げます。

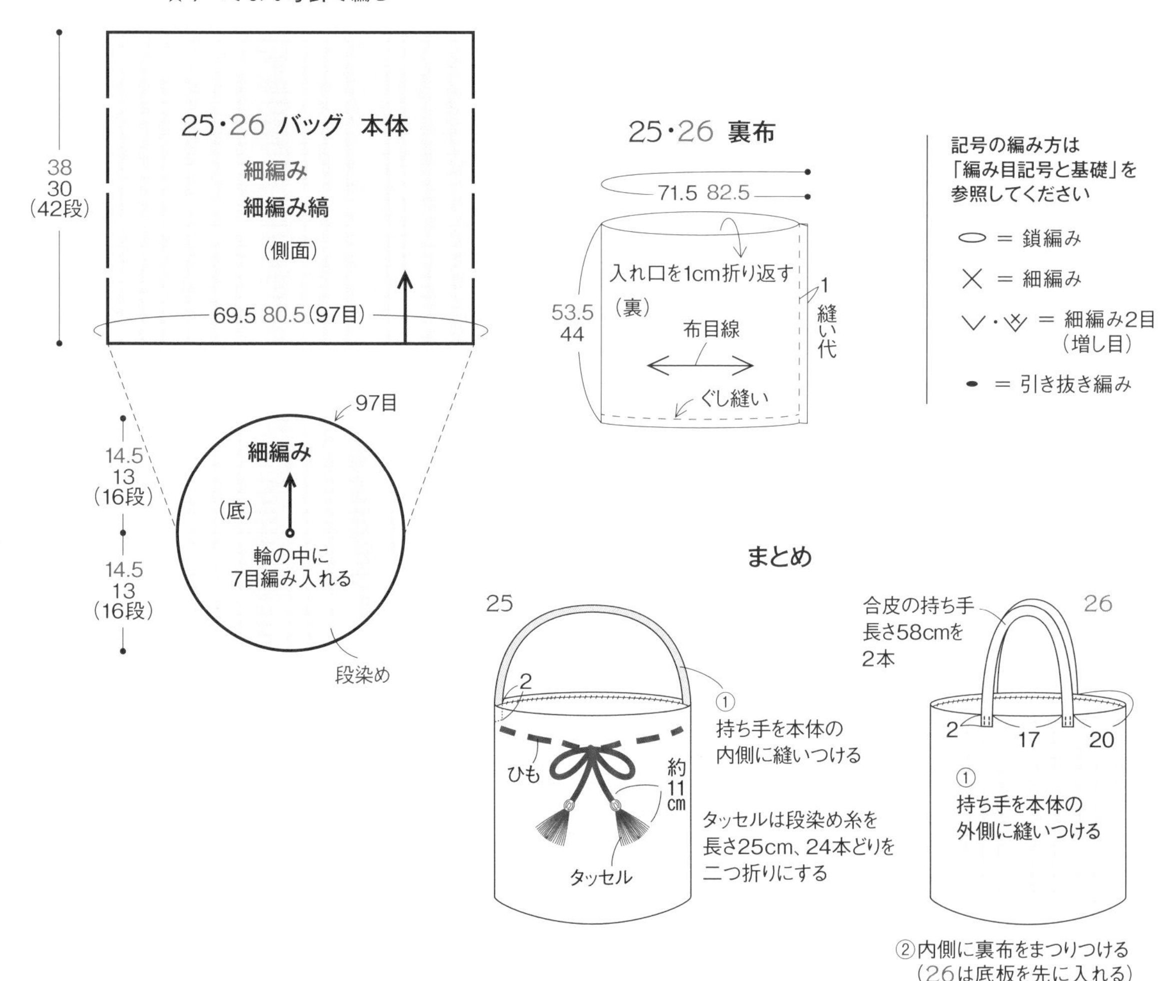

■文字の赤色は25、灰色は26、黒は共通です

25・26 バッグの編み方図

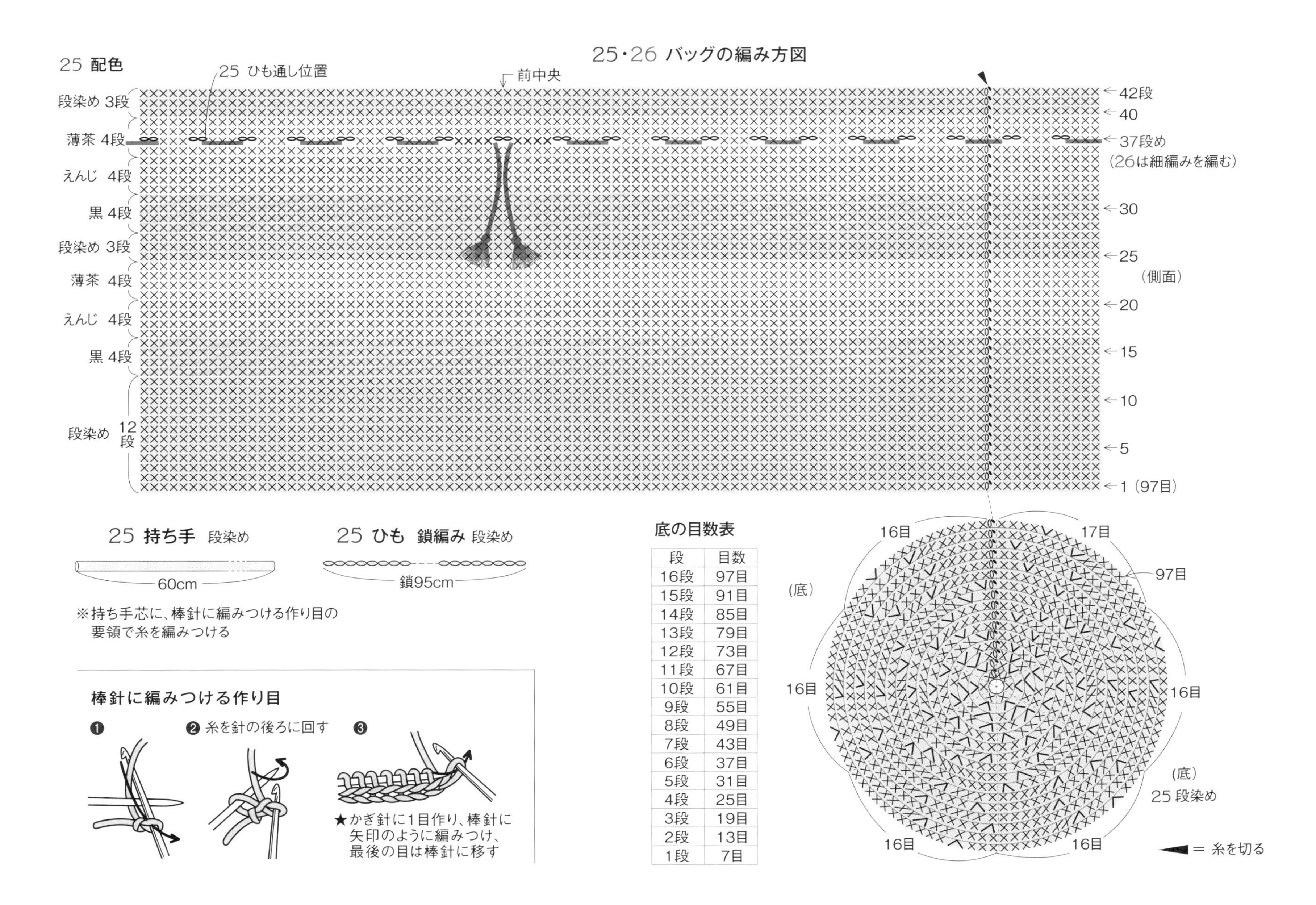

25 持ち手 段染め

※持ち手芯に、棒針に編みつける作り目の要領で糸を編みつける

25 ひも 鎖編み 段染め

棒針に編みつける作り目

★かぎ針に1目作り、棒針に矢印のように編みつけ、最後の目は棒針に移す

底の目数表

段	目数
16段	97目
15段	91目
14段	85目
13段	79目
12段	73目
11段	67目
10段	61目
9段	55目
8段	49目
7段	43目
6段	37目
5段	31目
4段	25目
3段	19目
2段	13目
1段	7目

29・30 手編みのクロッシュ

▸▸▸ P.38

糸 29 並太タイプのストレートヤーン（40g巻）のグレー×ラメを115g
30 並太タイプのストレートヤーン（30g巻・約85m）のベージュ系段染めをクロッシュに90g、マフラーに120g

針 29 5/0号かぎ針
30 6/0号・7/0号（マフラー）かぎ針

その他
29 直径1.5cmの足つきボタン、幅3cmのブローチピンを各1個
30 直径1.8cmのボタンを3個（マフラー）

ゲージ(10cm四方) 29・30共通 A模様20目・10段
30 C模様21目・7.5段

でき上がり寸法 29 頭回り55cm 深さ26cm
30 頭回り55cm 深さ24.5cm
幅15.5cm 長さ141.5cm（マフラー）

編み方ポイント
- クロッシュ本体は鎖編みの作り目をし、サイドは増減なく、トップを減らしてA模様で輪に編みます。編み終わりは残りの目の手前側半目に糸を通して絞りどめます。
- 作り目から目を拾い、B模様と縁編みでブリムを編みます。
- 29はコサージュを糸輪の作り目をして編んでまとめ、本体にとめます。
- 30はマフラーを編み、指定の位置にボタンをつけます。

29・30 クロッシュ

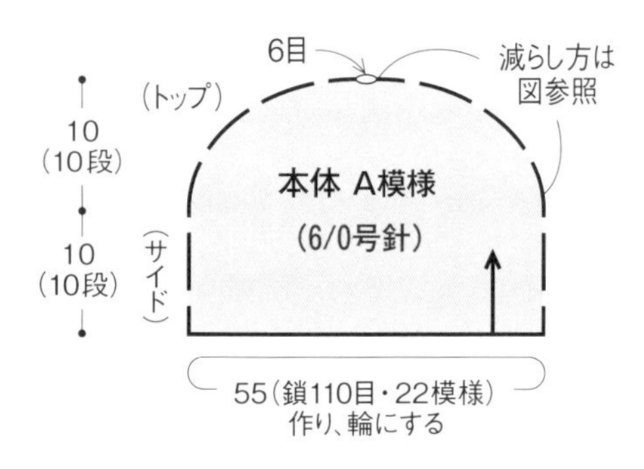

30 マフラーの編み方（7/0号針）

★ボタンをとめるとスヌードになる

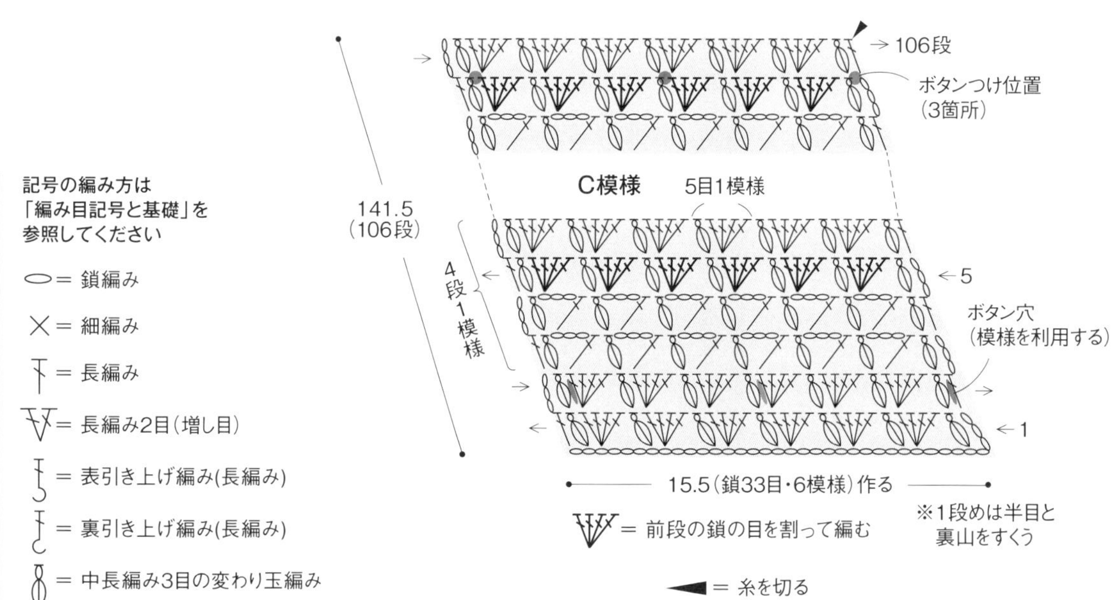

■文字の灰色は29、赤色は30、黒は共通です

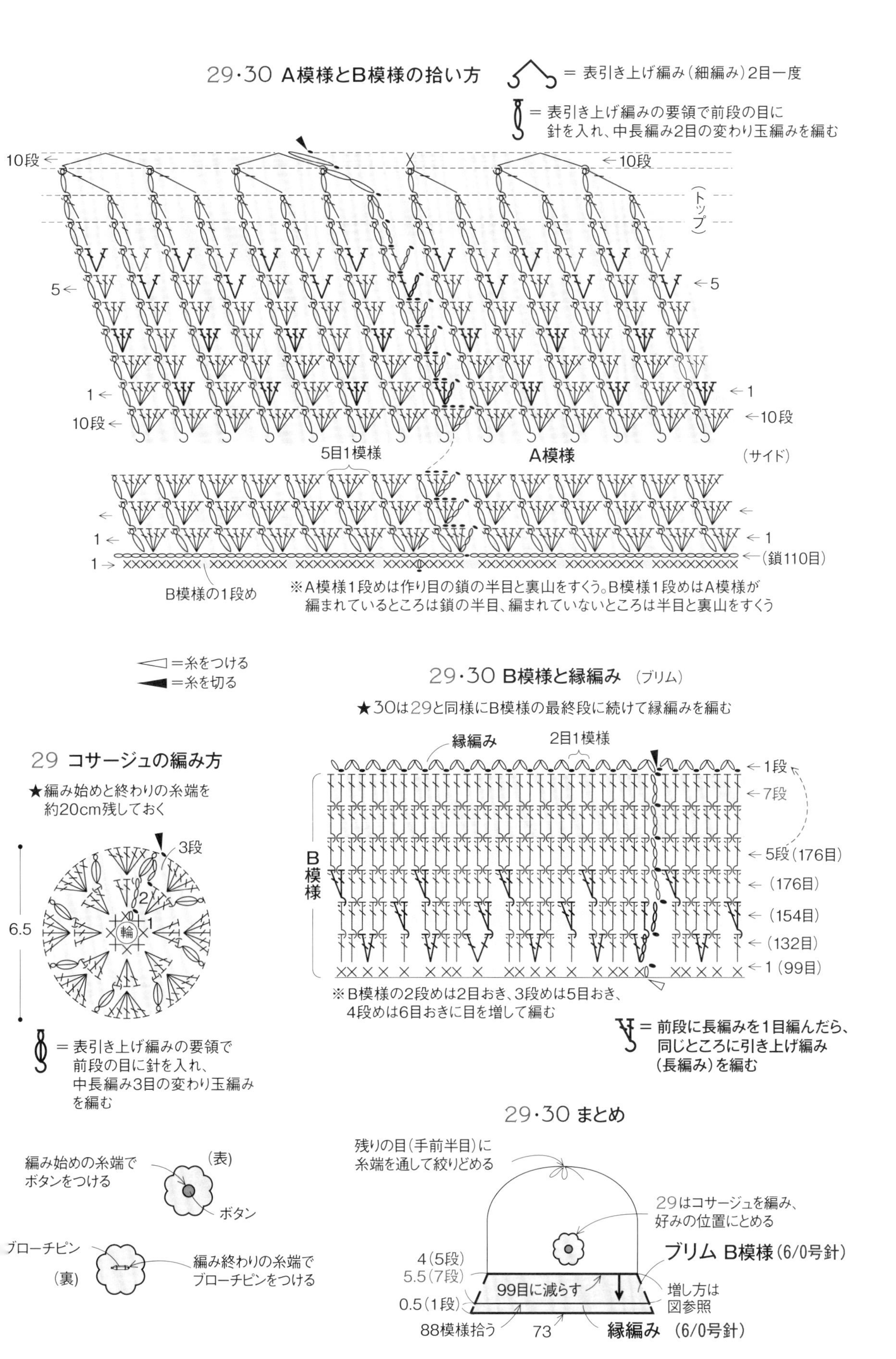
29・30 A模様とB模様の拾い方
= 表引き上げ編み（細編み）2目一度
= 表引き上げ編みの要領で前段の目に
針を入れ、中長編み2目の変わり玉編みを編む
10段
10段
（トップ）
5
5
1
1
10段
10段
5目1模様
A模様
（サイド）
1
1
1
（鎖110目）
B模様の1段め
※A模様1段めは作り目の鎖の半目と裏山をすくう。B模様1段めはA模様が
編まれているところは鎖の半目、編まれていないところは半目と裏山をすくう
＝糸をつける
＝糸を切る
29・30 B模様と縁編み （ブリム）
★30は29と同様にB模様の最終段に続けて縁編みを編む
縁編み
2目1模様
1段
7段
5段（176目）
（176目）
（154目）
（132目）
1（99目）
B模様
※B模様の2段めは2目おき、3段めは5目おき、
4段めは6目おきに目を増して編む
= 前段に長編みを1目編んだら、
同じところに引き上げ編み
（長編み）を編む
29 コサージュの編み方
★編み始めと終わりの糸端を
約20cm残しておく
3段
2
1
輪
6.5
= 表引き上げ編みの要領で
前段の目に針を入れ、
中長編み3目の変わり玉編み
を編む
編み始めの糸端で
ボタンをつける
（表）
ボタン
ブローチピン
（裏）
編み終わりの糸端で
ブローチピンをつける
29・30 まとめ
残りの目（手前半目）に
糸端を通して絞りどめる
29はコサージュを編み、
好みの位置にとめる
ブリム B模様（6/0号針）
4（5段）
5.5（7段）
99目に減らす
増し方は
図参照
0.5（1段）
88模様拾う
73
縁編み （6/0号針）

31・32 キャップ&クロッシュ

▸▸▸ P.39

糸 31 並太タイプのストレートヤーン(40g巻・約160m)のグリーン・オレンジ色系段染めを80g
32 合太タイプのストレートヤーン(30g巻・約100m)のベージュを85g

針 31 6/0号かぎ針
32 6/0号・5/0号かぎ針

その他
31・32共通 直径0.6cmのウッドビーズを3個、幅2.5cmのブローチピンを1個

ゲージ 31・32共通 A模様1模様(4.5cm) 12.5段(10cm)

でき上がり寸法 31 頭回り58.5cm 深さ23.5cm
32 頭回り58.5cm 深さ24cm

編み方ポイント
- 本体は鎖編みの作り目をして輪にし、細編みを1段編みます。A模様にかえ、トップは図のように減らします。
- 作り目から目を拾い、細編み1段で整えます。続けて31はかぶり口をb縁編み、32はブリムをB模様とa縁編みでそれぞれ編みます。
- コサージュは糸輪の作り目にし、図の様に編んでまとめます。

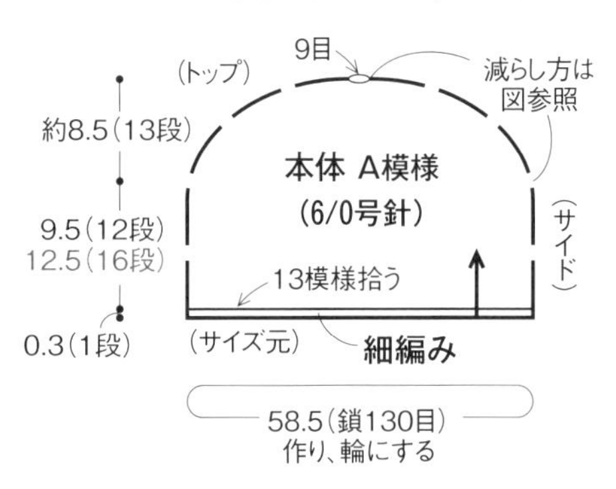

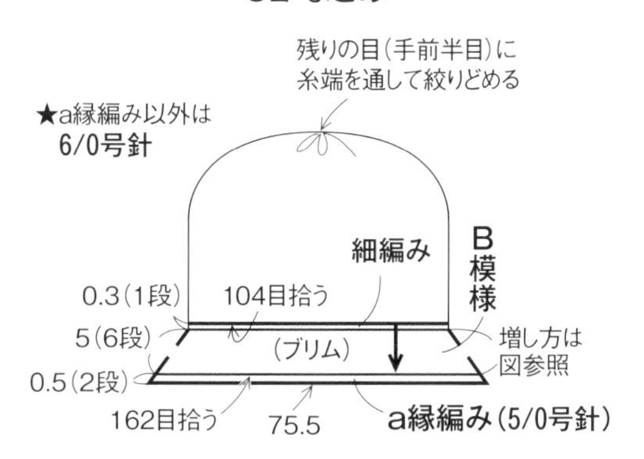

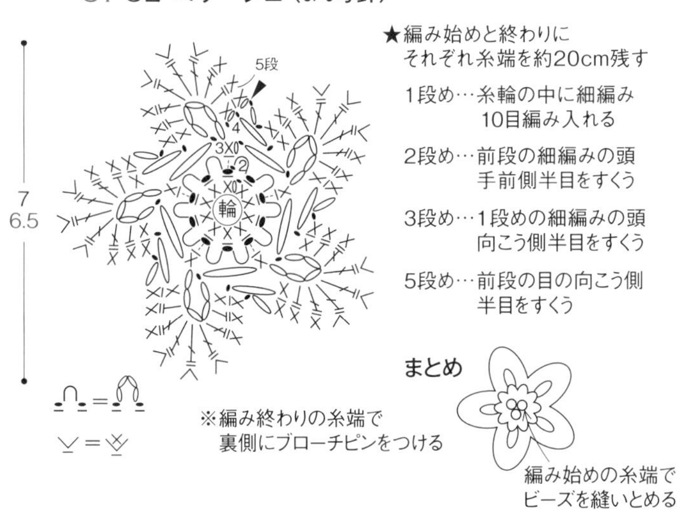

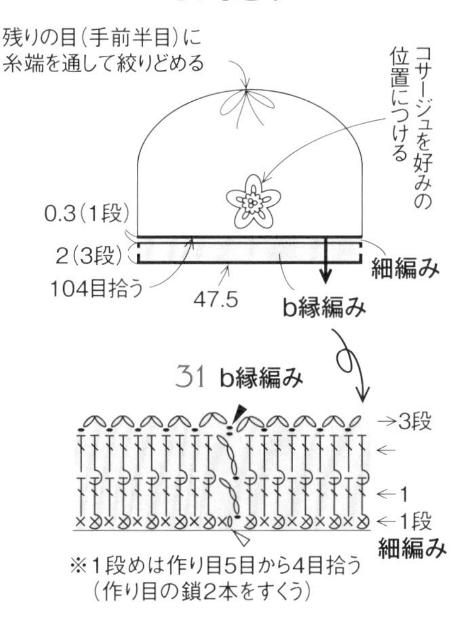

■文字の灰色は31、赤色は32、黒は共通です

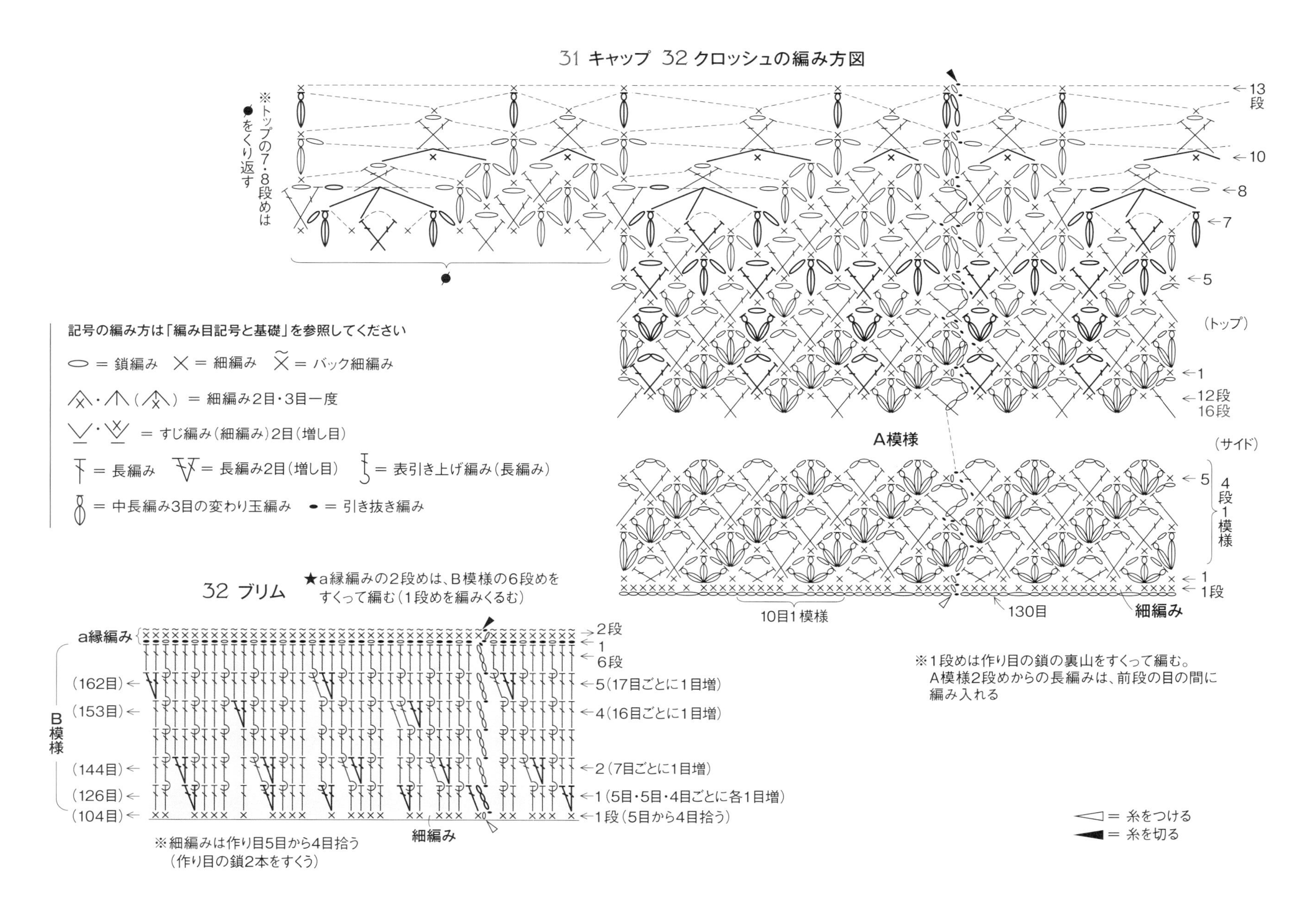
31 キャップ 32 クロッシュの編み方図
※トップの7・8段めは●をくり返す
13段
10
8
7
5
(トップ)
1
12段
16段
A模様
(サイド)
5
4段1模様
1
1段
10目1模様
130目
細編み
※1段めは作り目の鎖の裏山をすくって編む。
A模様2段めからの長編みは、前段の目の間に編み入れる
記号の編み方は「編み目記号と基礎」を参照してください
= 鎖編み
= 細編み
= バック細編み
= 細編み2目・3目一度
= すじ編み(細編み)2目(増し目)
= 長編み
= 長編み2目(増し目)
= 表引き上げ編み(長編み)
= 中長編み3目の変わり玉編み
= 引き抜き編み
32 ブリム
★a縁編みの2段めは、B模様の6段めをすくって編む(1段めを編みくるむ)
a縁編み
2段
1
6段
(162目)
5(17目ごとに1目増)
(153目)
4(16目ごとに1目増)
B模様
(144目)
2(7目ごとに1目増)
(126目)
1(5目・5目・4目ごとに各1目増)
(104目)
1段(5目から4目拾う)
細編み
※細編みは作り目5目から4目拾う
(作り目の鎖2本をすくう)
= 糸をつける
= 糸を切る

33・34 アフリカンフラワーモチーフ

▸▸▸ P.40

糸 33 並太タイプのツイードヤーン（40g巻・約80m）のグレーを120g、オフホワイトを80g、ネイビーを40g
34 並太タイプのツイードヤーン（40g巻・約80m）のグレーを55g、ネイビーを50g、オフホワイトを20g

針 33 7/0号かぎ針
34 6/0号かぎ針

＊ミニバッグの詳しい編み方は、46 ページからの編みもの教室を参照してください。

ゲージ 図参照

でき上がり寸法 33 幅 22.5cm 長さ 150cm
34 口幅 24cm 深さ 17cm

編み方ポイント

- モチーフは糸輪の作り目で編み始めます。34のモチーフは編み終わりの糸端を約20cm残しておきます（巻きはぎに使用）。
- 33はモチーフをそれぞれ最終段で隣り合うモチーフにつなぎながら編みます。
- 34はモチーフを15枚編み、残しておいたグレーの糸端で巻きはぎ（半目）をして合わせます。図を参照して入れ口、持ち手を編んでまとめます。

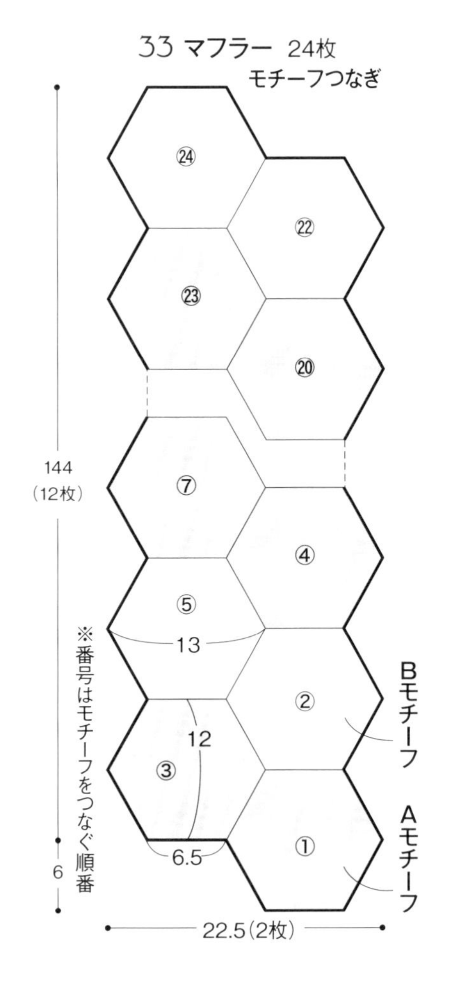

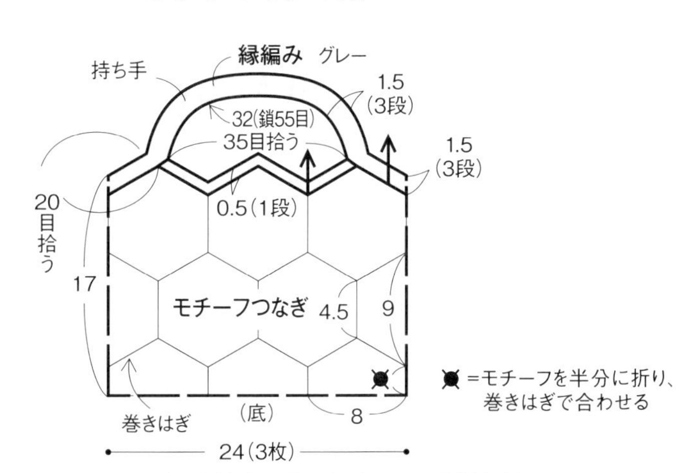

※モチーフをつなぐときは、先にたてをはいでから横をはぐ

34 モチーフの配色

段数	色
5段	グレー
4段	オフホワイト
2・3段	ネイビー
1段	グレー

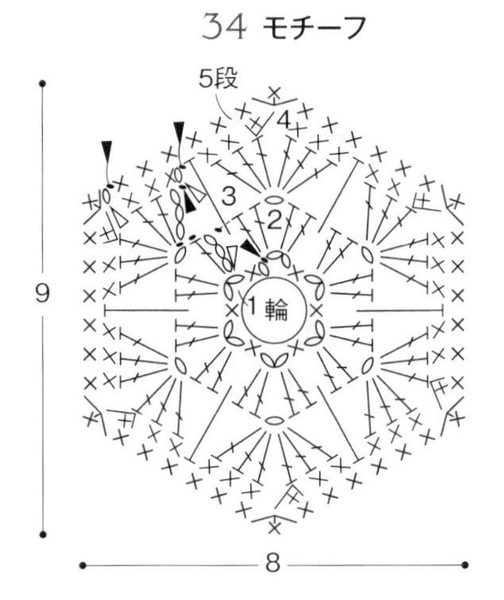

記号の編み方は「編み目記号と基礎」を参照してください

- ○ ＝ 鎖編み
- × ＝ 細編み
- ×̲ ＝ すじ編み（細編み）
- ＝ 細編み2目・3目（増し目）
- ＝ 細編み2目一度
- T ＝ 中長編み
- ＝ 長編み
- ● ＝ 引き抜き編み

■文字の赤色は33、灰色は34、黒は共通です

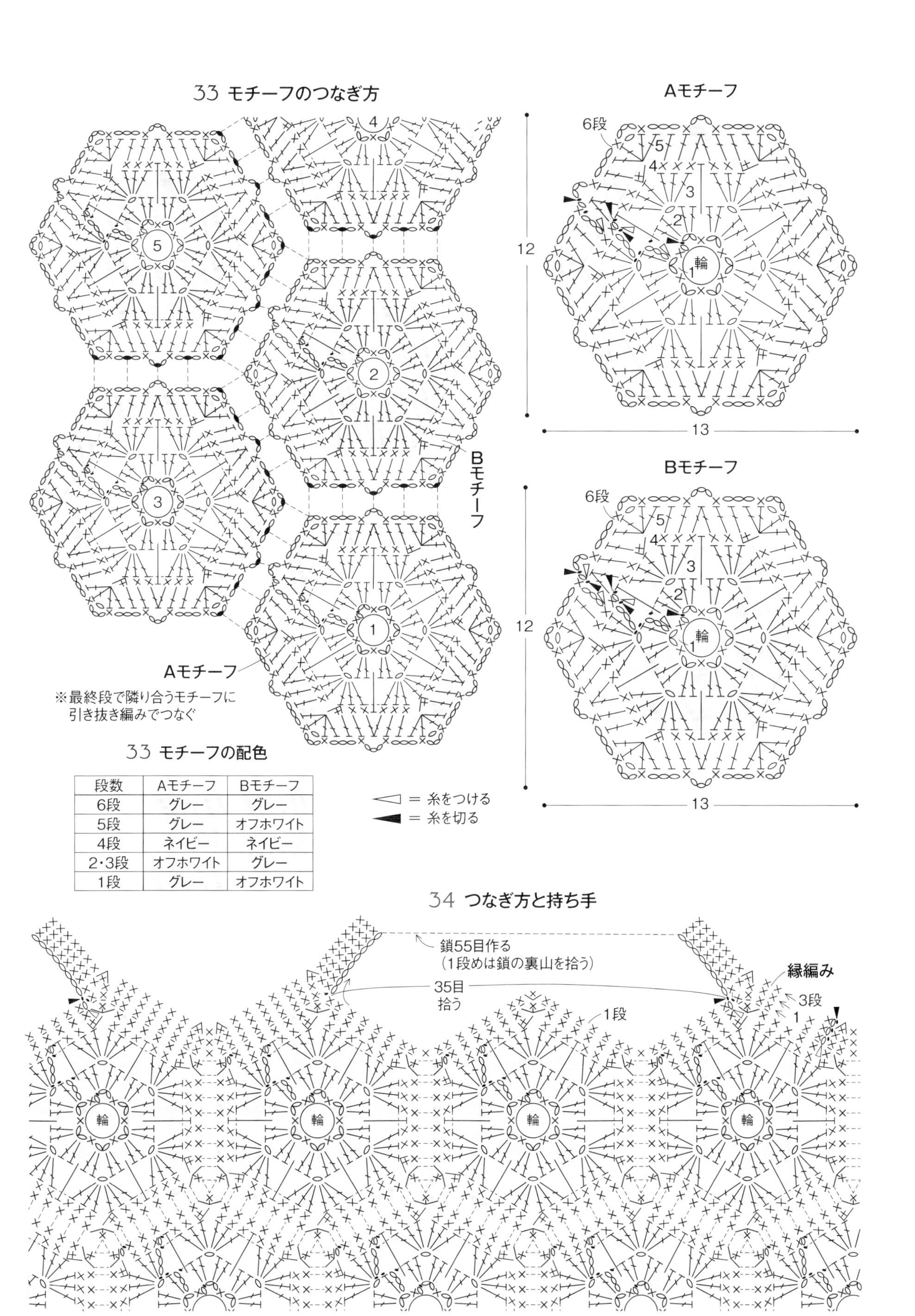

33 モチーフの配色

段数	Aモチーフ	Bモチーフ
6段	グレー	グレー
5段	グレー	オフホワイト
4段	ネイビー	ネイビー
2・3段	オフホワイト	グレー
1段	グレー	オフホワイト

35 花モチーフストール

▸▸▸ P.42

糸 並太タイプのストレートヤーン（40g巻・約72m）の黒を120g、からし色・黄緑・ブルー・赤を各30g

針 6/0号かぎ針

ゲージ モチーフ1枚 7.5×7.5cm

でき上がり寸法 幅30cm　長さ157.5cm

編み方ポイント

- モチーフは糸輪の作り目で編み始めます。指定の配色で編みます。
- 2枚めからは3段めで隣り合うモチーフと引き抜き編みでつなぎます。

ストール

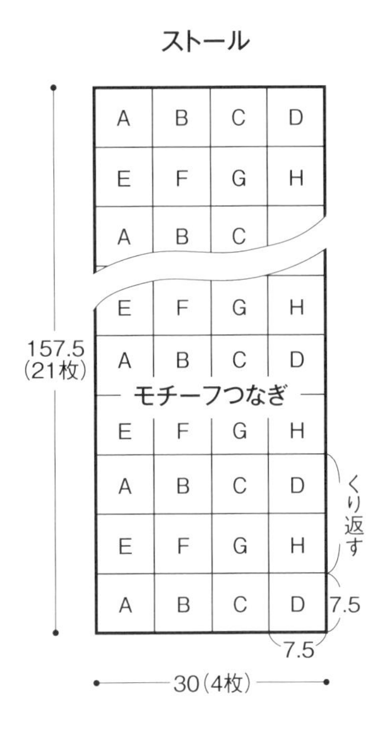

モチーフ

◁＝糸をつける
◀＝糸を切る

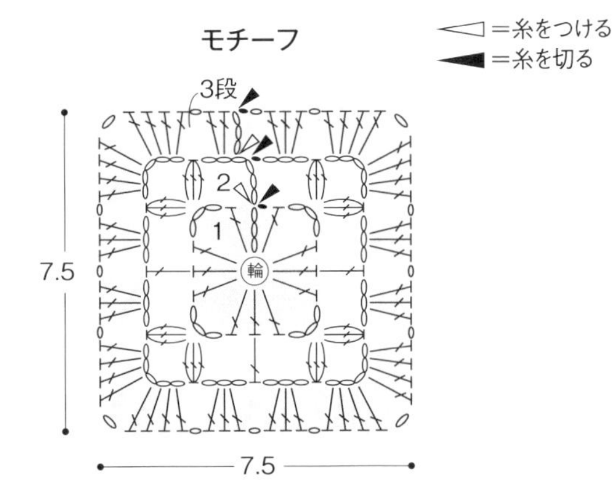

モチーフのつなぎ方

記号の編み方は「編み目記号と基礎」を参照してください

- ○ ＝ 鎖編み
- × ＝ 細編み
- 長編み記号 ＝ 長編み
- 玉編み記号 ＝ 長編み3目の玉編み
- ● ＝ 引き抜き編み

モチーフの配色

	A 11枚	B 11枚	C 11枚	D 11枚	E 10枚	F 10枚	G 10枚	H 10枚
3段め	黒	黒	黒	黒	黒	黒	黒	黒
2段め	赤	からし色	ブルー	黄緑	ブルー	黄緑	からし色	赤
1段め	ブルー	黄緑	赤	からし色	からし色	赤	ブルー	黄緑

37 ルームシューズ

▸▸▸ P.44

糸 合太タイプのストレートヤーン（40g巻・約136m）のベージュを55g、薄ベージュを30g、オフホワイトを15g

針 4/0号かぎ針

ゲージ モチーフ1枚 5.5×5.5cm

でき上がり寸法 サイズ約23cm

編み方ポイント

- モチーフは糸輪の作り目で編み始めます。指定の配色で15枚編みます。
- モチーフを配置し、ベージュで外側半目を巻きはぎで合わせますが、ふくらみのある甲側は糸の引き加減を調整します。

ルームシューズ モチーフの配置図

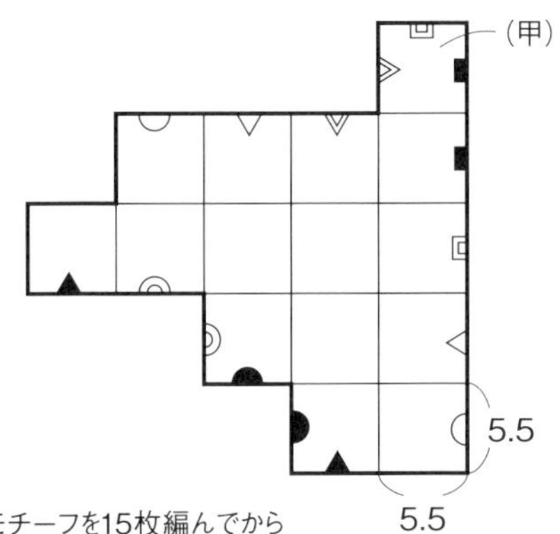

★モチーフを15枚編んでから配置図を参照し、合印どうしを合わせる

モチーフ

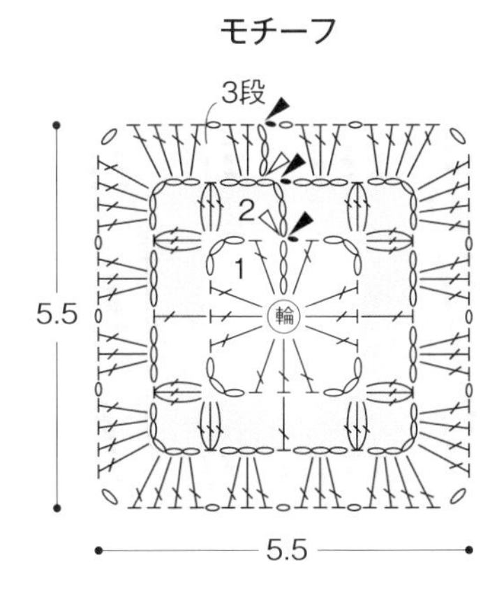

◁ ＝ 糸をつける
◀ ＝ 糸を切る

モチーフの配色

段数	色名
3段め	ベージュ
2段め	薄ベージュ
1段め	オフホワイト

まとめ

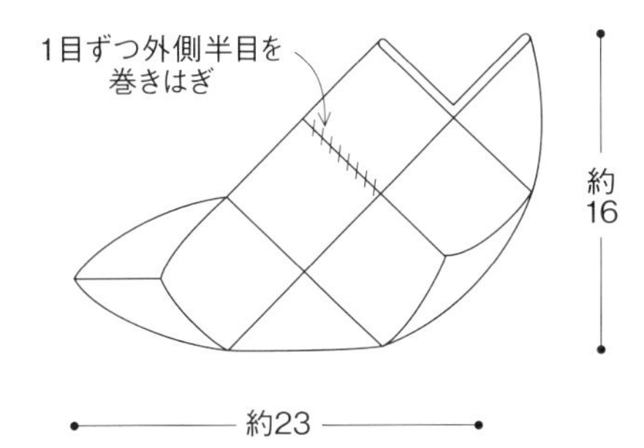

記号の編み方は「編み目記号と基礎」を参照してください

○ ＝鎖編み
× ＝細編み
● ＝引き抜き編み
T ＝長編み
（玉）＝長編み3目の玉編み

36 三角ストール

▸▸▸ P.43

糸 並太タイプのストレートヤーン（50g巻・約225m）のベージュを140g

針 8/0号かぎ針

ゲージ モチーフ1枚 12×23cm

でき上がり寸法 幅138cm　たけ72cm

編み方ポイント

- モチーフは鎖編みの作り目で輪にして編み始めます。
- 2枚めからは4段めで隣り合うモチーフと引き抜き編みでつなぎます。

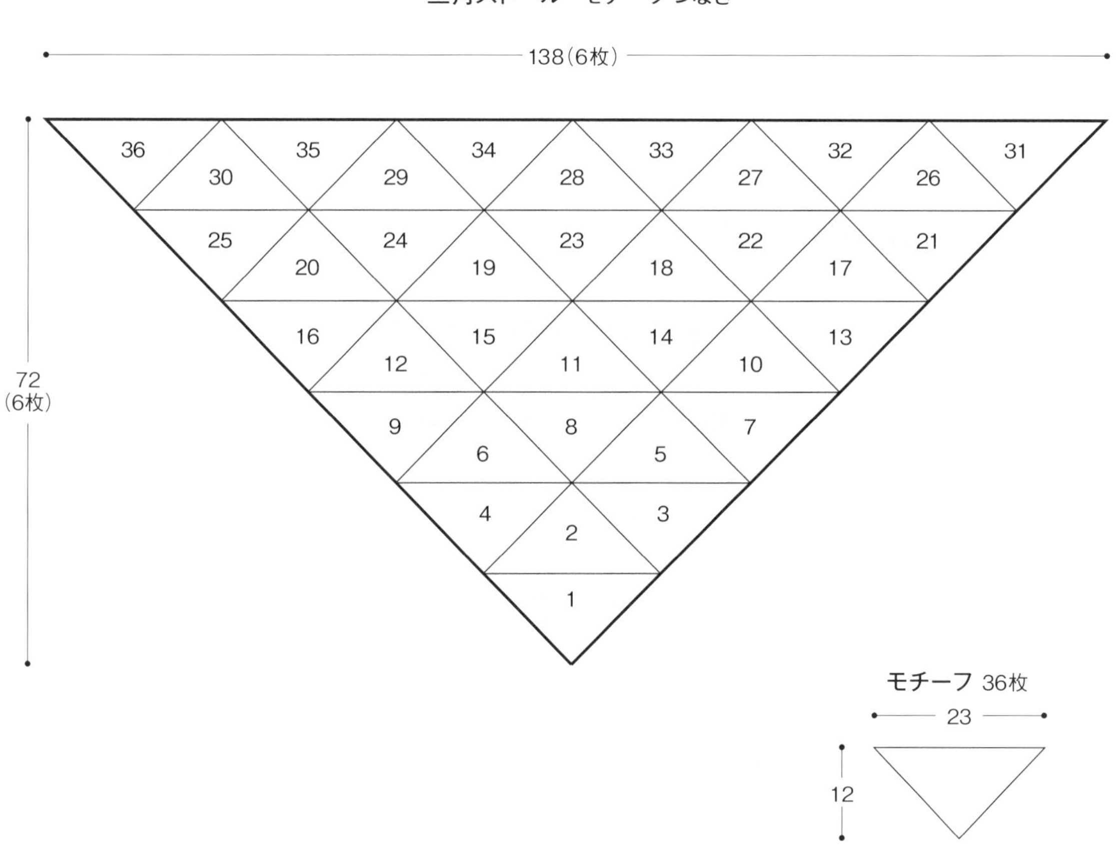

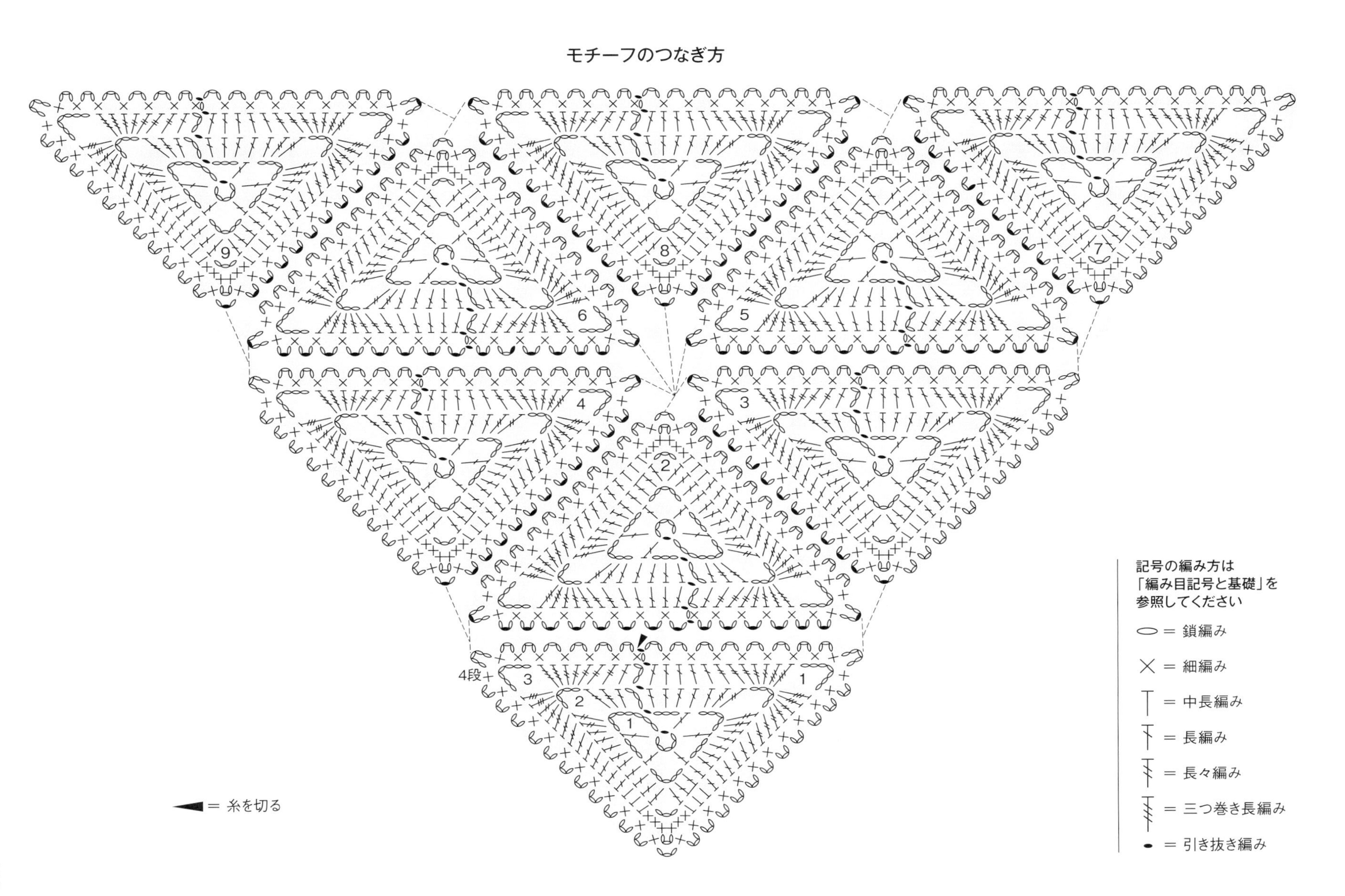

モチーフのつなぎ方
9
8
7
6
5
4
3
2
4段
3
2
1
1
記号の編み方は
「編み目記号と基礎」を
参照してください
= 鎖編み
= 細編み
= 中長編み
= 長編み
= 長々編み
= 三つ巻き長編み
= 引き抜き編み
= 糸を切る

38・39・40 手編みのくつ下

▸▸▸ P.45

糸 38 並太タイプのストレートヤーン（40g巻）の青パール系段染めを40g、並太タイプのストレートヤーン（40g巻・約110m）の青を40g
39 オリムパス メイクメイク ソックスドゥ（25g巻・約71m…並太タイプ）の107（赤・ピンク・グリーン系ミックス）95g
40 並太タイプのストレートヤーン（40g巻・約112m）のペールグリーン・オレンジ系ミックスを45g

針 38・39・40 共通 5/0号かぎ針

ゲージ（10cm四方） 38・39共通
模様編み縞・模様編み 22目・15段
40 模様編み 23目・14.5段

でき上がり寸法 38 サイズ約23cm 長さ15.5cm
39 サイズ約23cm 長さ20.5cm
40 サイズ約15cm 長さ12cm

編み方ポイント

- 鎖編みの作り目でつま先から増し目をしながら輪に長編みで編みます。
- 続けて38は模様編み縞、39・40は模様編みで増減なく編みます。図の位置に糸をつけてかかと分の作り目をします。
- かかと分の作り目から目を拾いながら模様編み縞・模様編みを編み、続けてはき口をそれぞれの縁編みで編みます。
- かかとはかかとの作り目と休み目から目を拾い、長編みで目を減らしながら編み、編み終わりは巻きはぎ（1目）で合わせます。

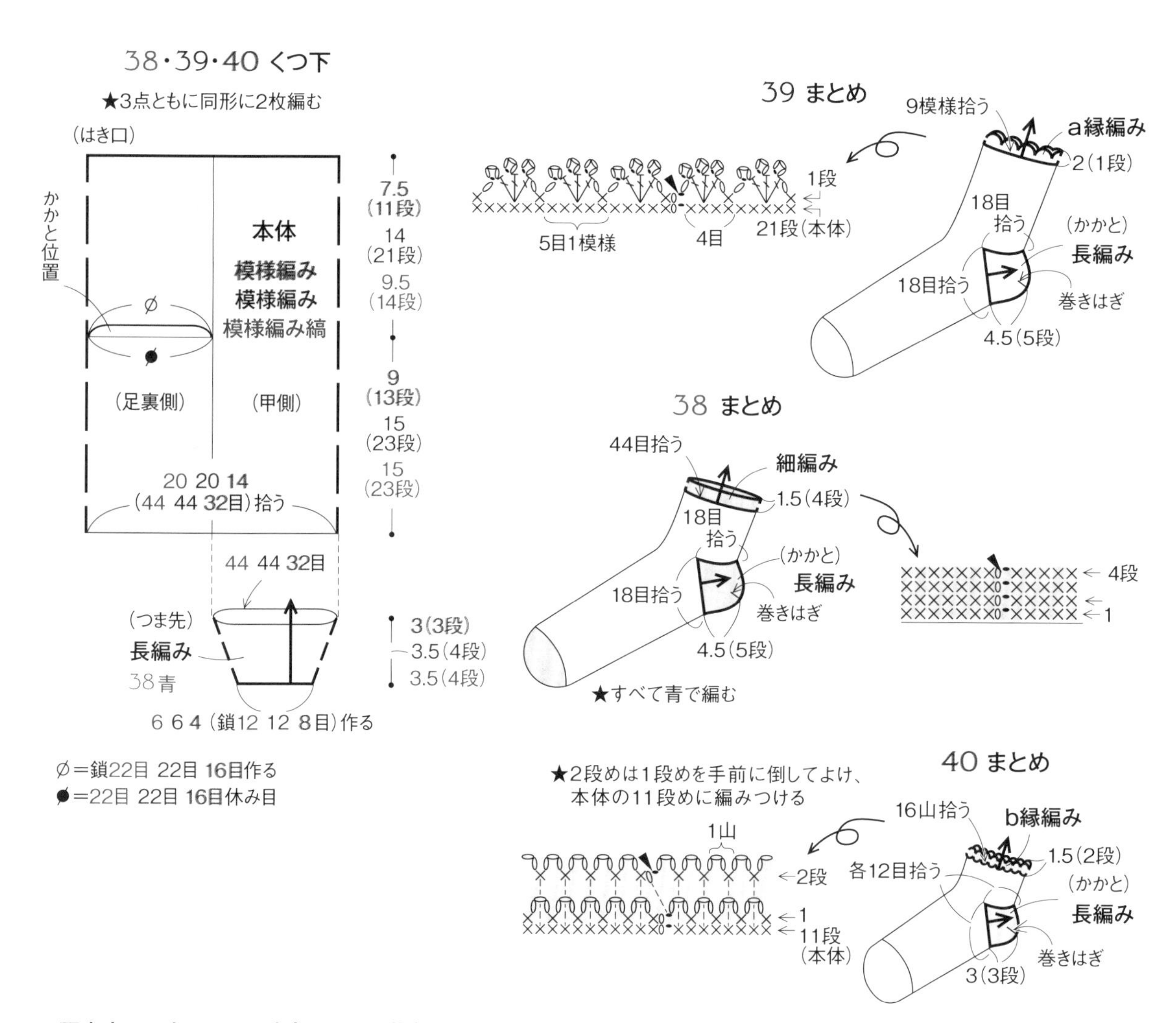

■文字の灰色は38、赤色は39、紫色は40、黒は共通です

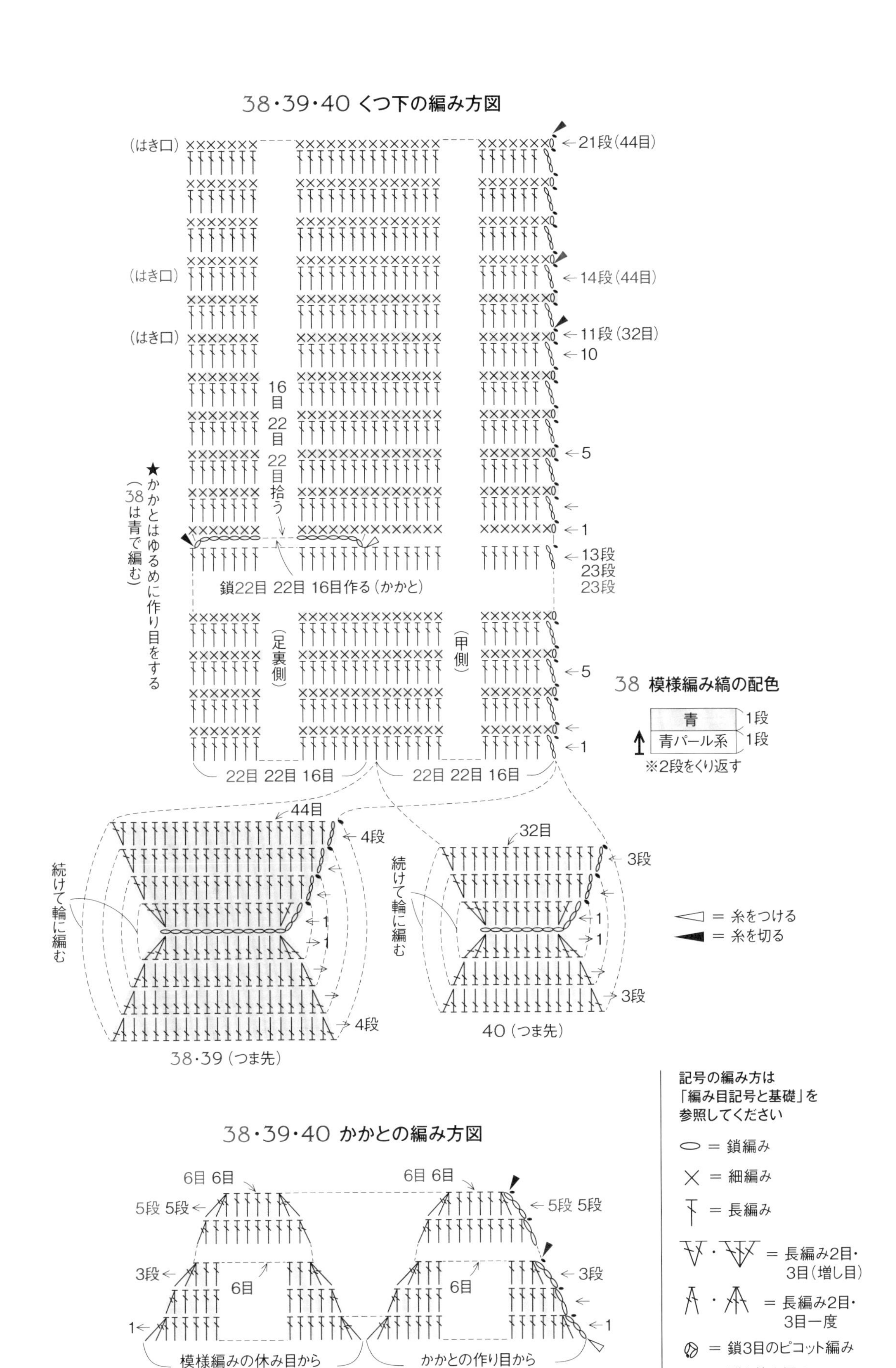
38・39・40 くつ下の編み方図
(はき口)
←21段(44目)
(はき口)
←14段(44目)
(はき口)
←11段(32目)
←10
16目
22目
22目拾う
←5
★かかとはゆるめに作り目をする(38は青で編む)
←1
鎖22目 22目 16目作る(かかと)
←13段
23段
23段
(足裏側)
(甲側)
←5
←1
22目 22目 16目
22目 22目 16目
38 模様編み縞の配色
青
1段
青パール糸
1段
※2段をくり返す
44目
←4段
続けて輪に編む
1
1
4段
38・39(つま先)
32目
←3段
続けて輪に編む
1
1
3段
40(つま先)
= 糸をつける
= 糸を切る
記号の編み方は
「編み目記号と基礎」を
参照してください
= 鎖編み
= 細編み
= 長編み
= 長編み2目・3目(増し目)
= 長編み2目・3目一度
= 鎖3目のピコット編み
= 引き抜き編み
38・39・40 かかとの編み方図
6目 6目
5段 5段←
3段←
6目
1←
模様編みの休み目から
18目 18目 12目拾う
6目 6目
←5段 5段
←3段
6目
←1
かかとの作り目から
18目 18目 12目拾う

かぎ針編みの編み目記号と基礎

○ 鎖編みの作り目

1

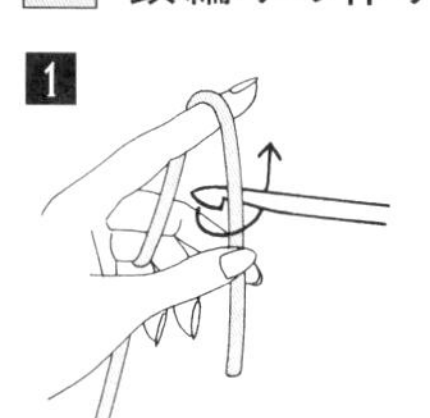

かぎ針を糸の向こう側におき、6の字を書くように回して、糸輪を作る

2

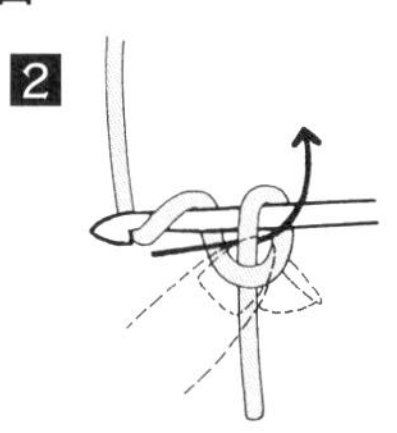

糸輪の交差したところを左中指と親指で押さえ、針に糸をかけて引き出す

3

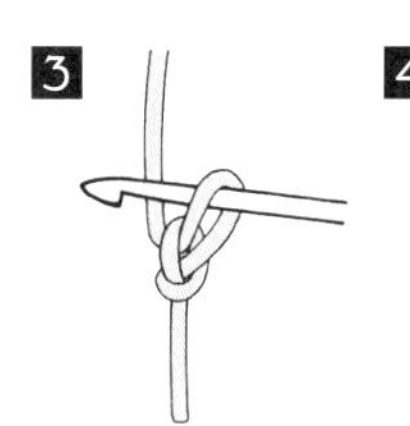

引き出したら、糸輪をきつく締める（この目は1目と数えない）

4

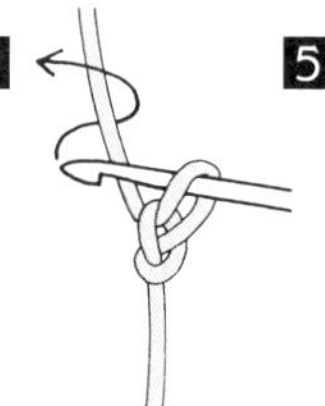

矢印のように針に糸をかける

5

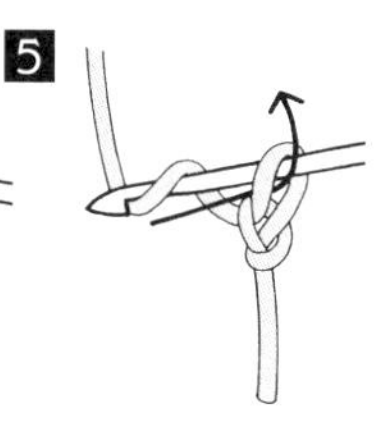

編み糸を引き出す。4・5をくり返す

6

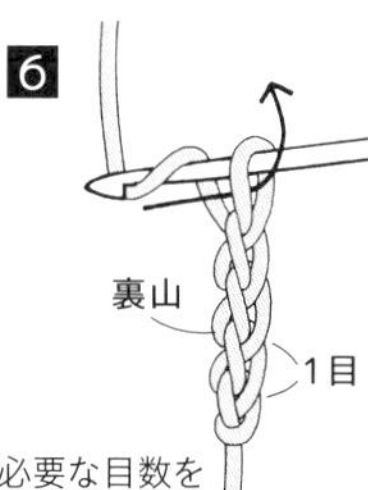

必要な目数を編んで作り目にする

糸輪の作り目 ●図は細編みの場合。編み目が違っても同様に編む

1

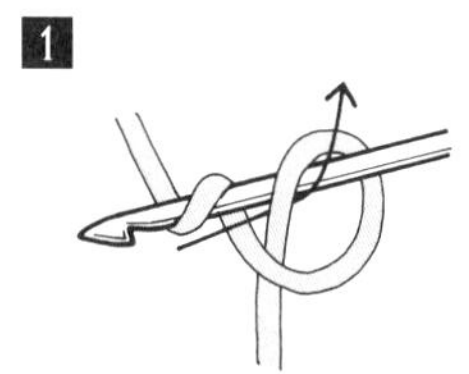

鎖編みの作り目1・2と同じ要領で糸輪を作り、針に糸をかけて引き出す

2

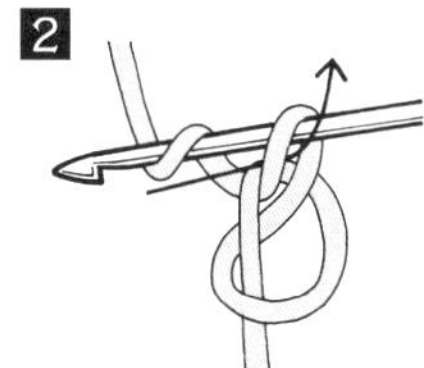

続けて針に糸をかけて引き出し、立ち上がりの鎖1目を編む

3

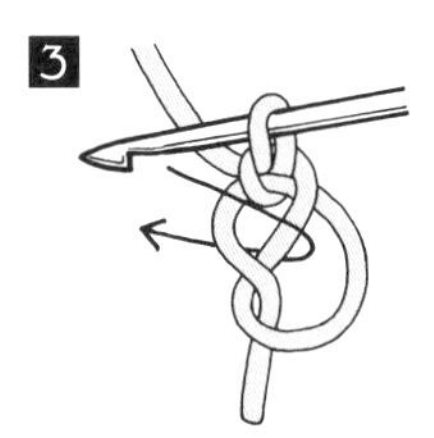

矢印のように糸輪の中に針を入れてすくい、1段めの細編みを編む

4

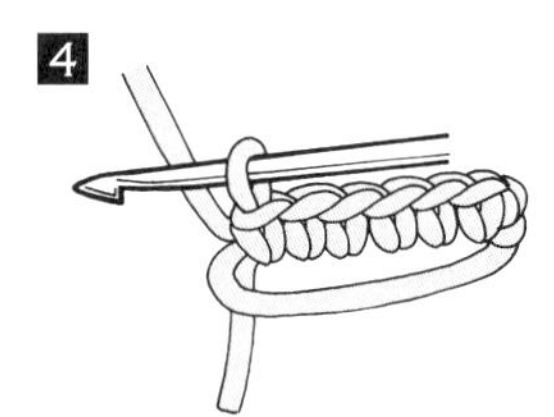

3をくり返して糸輪の中に細編みを必要目数編み入れる。糸端は糸輪に沿わせ、一緒に編みくるむ

5

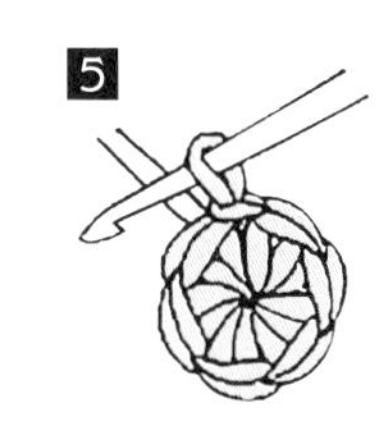

編み始めの糸端を引き、糸輪を引き締める。1目めの細編みの頭に引き抜いて輪にする

作り目からの目の拾い方

●特に指定のない場合は好みの拾い方にする

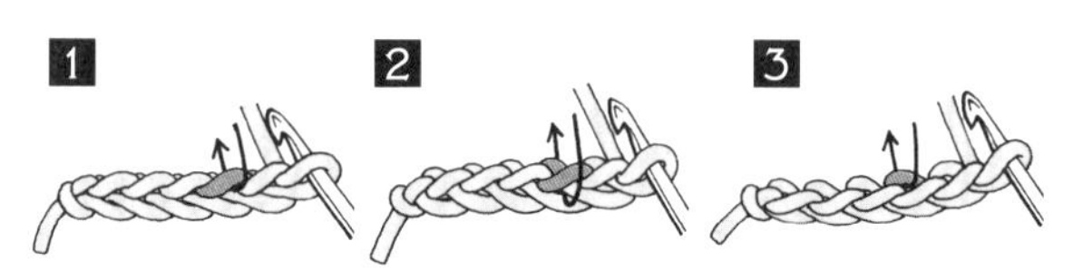

1 鎖半目を拾う

2 鎖半目と裏山を拾う（鎖編みを少しゆるめに編む）

3 鎖の裏山を拾う（鎖編みを少しゆるめに編む）

× 細編み

1

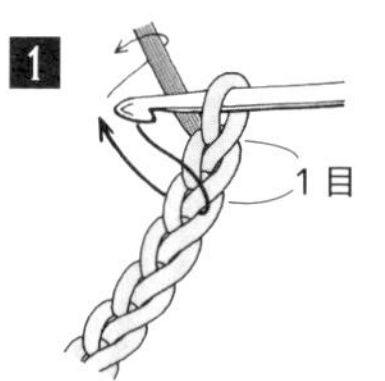

立ち上がりの鎖1目をとばした次の目に針を入れ、糸をかけて引き出す

2

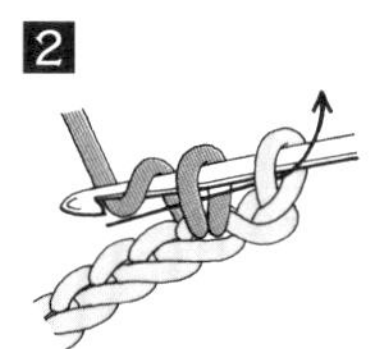

もう一度針に糸をかけ、針にかかっている2ループを一度に引き抜く

3

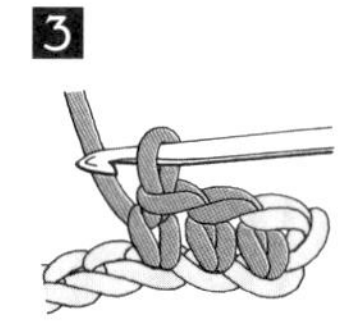

以上をくり返して、必要目数を編む

中長編み

1

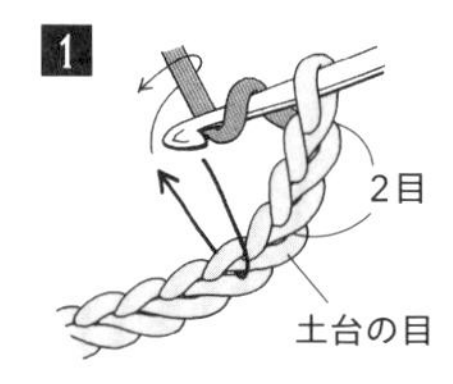

立ち上がりの鎖2目と土台の1目をとばした次の目に、糸をかけた針を矢印のように入れ、針に糸をかけて引き出す

2

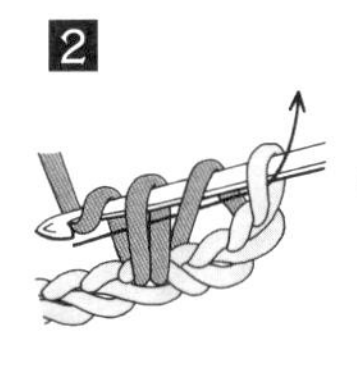

もう一度針に糸をかけ、針にかかっている3ループを一度に引き抜く

3

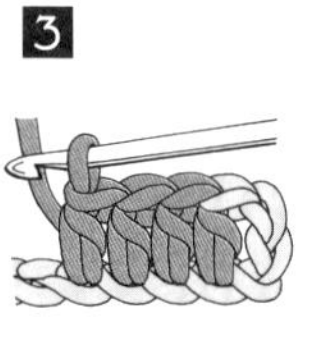

以上をくり返して、必要目数を編む

長編み

1

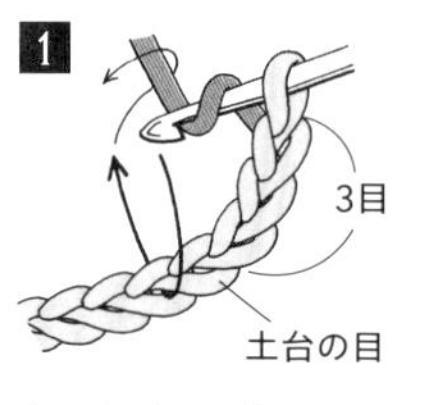

立ち上がりの鎖3目と土台の1目をとばした次の目に、糸をかけた針を矢印のように入れ、再び針に糸をかけて引き出す

2

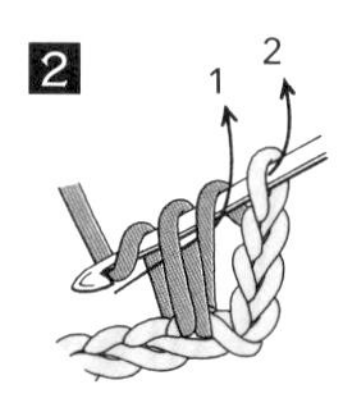

もう一度針に糸をかけ、針にかかっている2ループを引き抜く。2ループずつ引き抜くことを2回くり返す

3

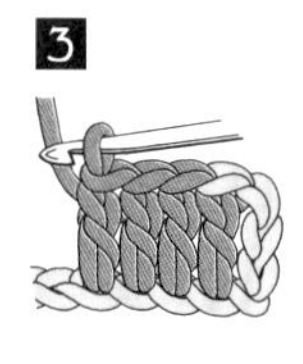

以上をくり返して、必要目数を編む

長々編み

1

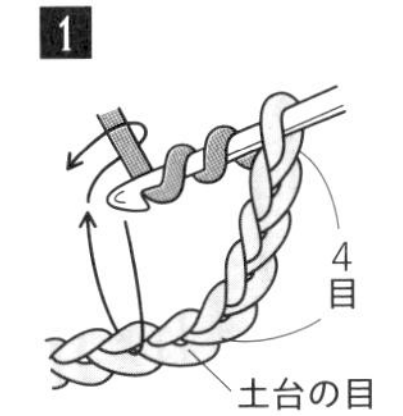

立ち上がりの鎖の目4目と土台の１目をとばした次の目に、糸を２回かけた針を矢印のように入れ、針に糸をかけて引き出す

2

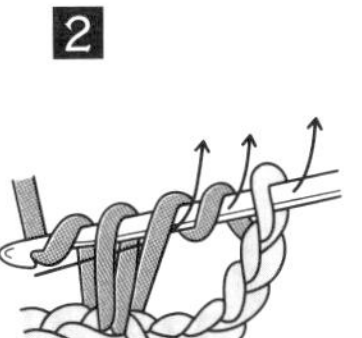

もう一度針に糸をかけて、２ループずつ引き抜くことを３回くり返す

3

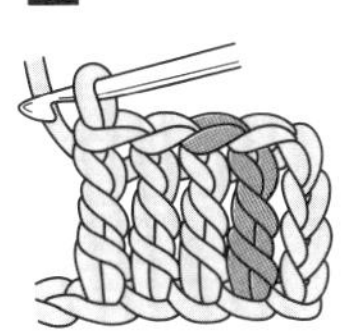

以上をくり返して、必要目数を編む

三つ巻き長編み

1

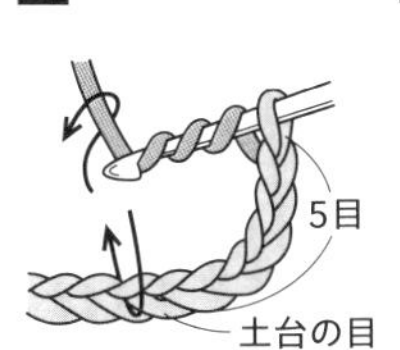

2

3

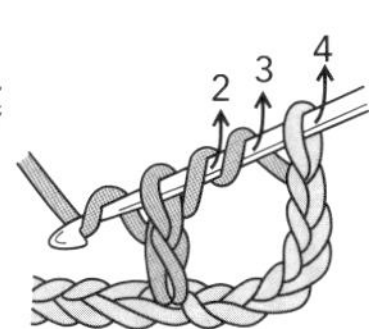

立ち上がりの鎖５目と土台の1目をとばした次の目に、糸を3回かけた針を矢印のように入れ、針に糸をかけて引き出す。もう一度針に糸をかけ、針にかかっているループを2ループずつ引き抜くことを4回くり返す

長編み3目の玉編み ●目数が変わっても同じ要領で編む

1

長編みの最後の引き抜きをしない未完成の長編みを同じ目に３目編む

2

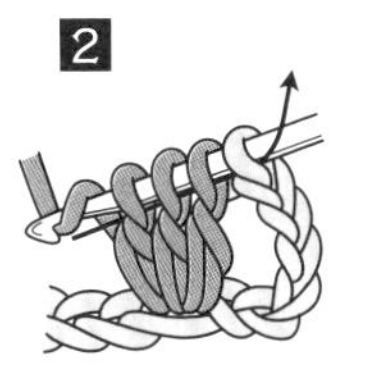

針に糸をかけて、4ループを一度に引き抜く

3

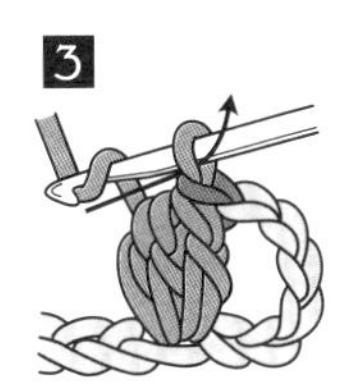

長編み３目の玉編みが編めたところ

中長編み3目の変わり玉編み

●目数が変わっても同じ要領で編む

1

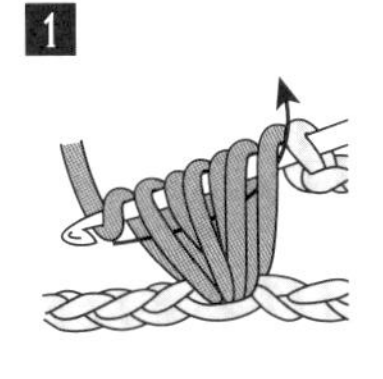

針に糸をかけて引き出すことを3回くり返し、針にかかっている6ループを一度に引き抜く

2

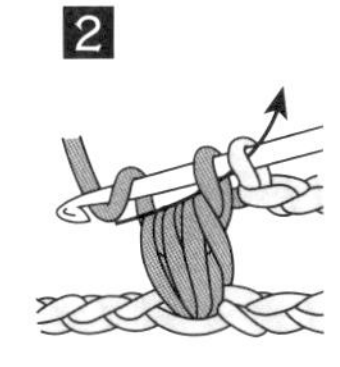

続けて、針にかかっている２ループを一度に引き抜く

3

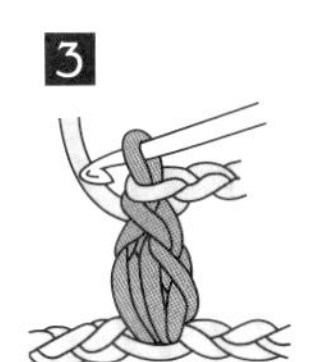

編めたところ

長編み２目一度 ●減らす目数が増えても同じ要領で編む

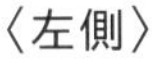

〈左側〉

1

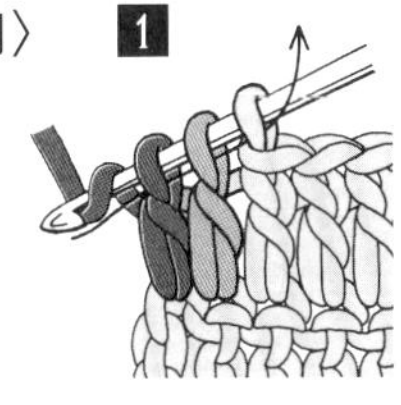

前段左端から２目残すところまで編む。針に糸をかけて次の目を拾い、２ループを１回引き抜く。さらに左端の目も同様にして編むと3ループが残る

2

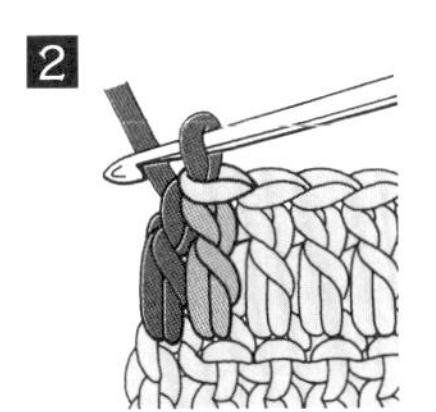

針に糸をかけ、3ループを一度に引き抜く。１目が減ったところ

〈右側〉

1

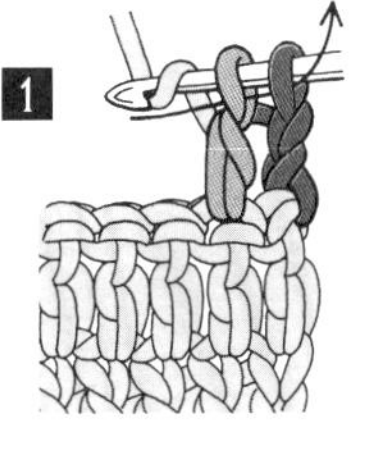

前段が編めたら編み地の向きをかえ、鎖2目（もしくは3目）で立ち上がる。長編み**2**の要領で編む

2

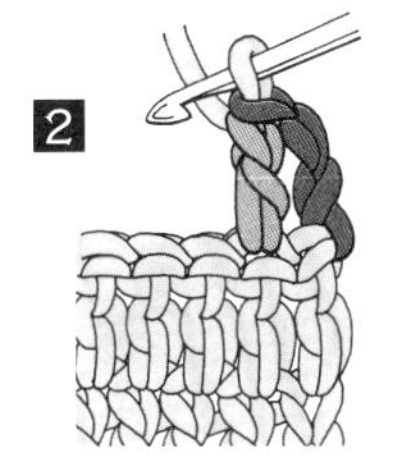

２目一度になり、１目が減ったところ

長編み2目（増し目）

●目数が増えても同じ要領で編む

1

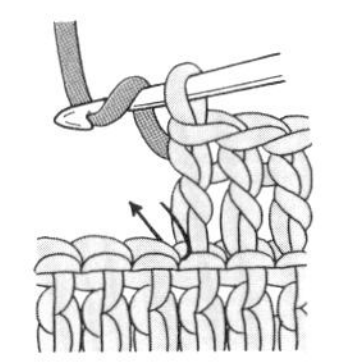

長編みを１目編んだら針に糸をかけ、もう一度同じ目に手前側から針を入れる

2

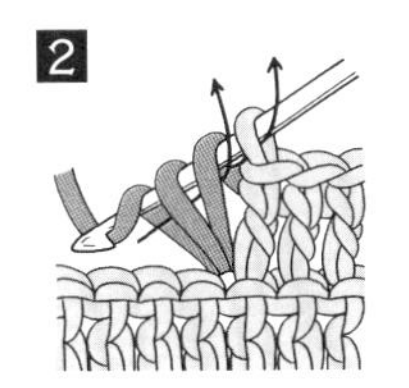

糸を引き出し、長編みをもう１目編む

うね編みとすじ編み ●図は細編み。長編みの場合も同じ要領

うね編み

1 **2**

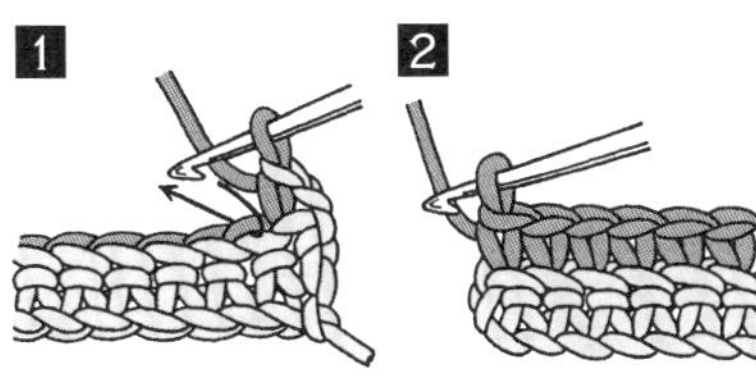

すじ編み

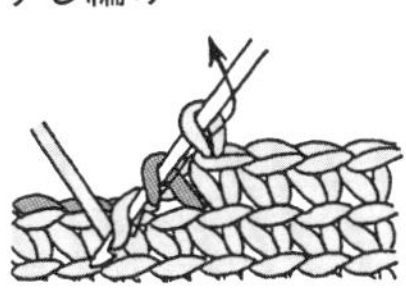

前段の向こう側半目をすくう。うね編みとすじ編みは記号が同じですが、うね編みは往復編み、すじ編みは一方向（輪）に編む

細編み2目（増し目）

●目数が増えても同じ要領で編む

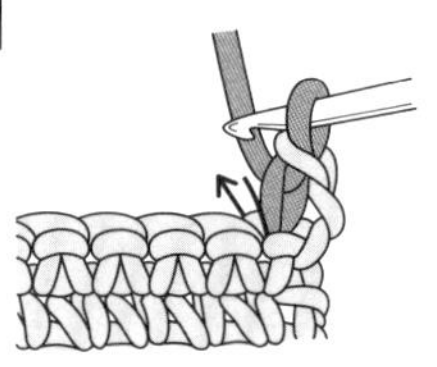

前段の1目に細編みを2目編み入れ、目を増す

2

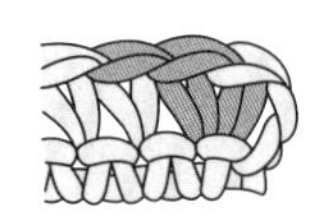

1目が増えたところ

細編み2目一度

●目数が増えても同じ要領で編む

前段から1目ずつ2回糸を引き出す

2

針に糸をかけて、針にかかっている3ループを一度に引き抜く

3

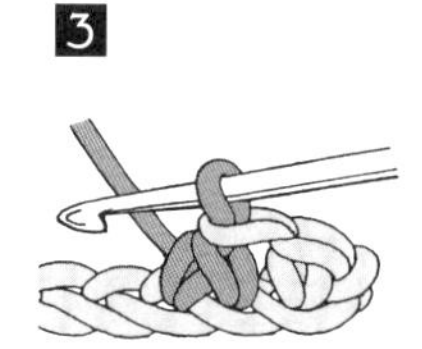

細編み2目一度が編めたところ

バック細編み

1

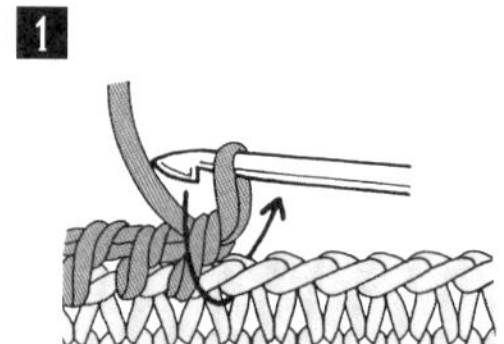

左から右へ編む。前段に矢印のように針を入れる

2

糸を引き出し、針に糸をかけて2ループを一度に引き抜く

細編み3目一度

1

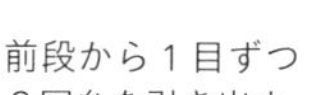

前段から1目ずつ3回糸を引き出す

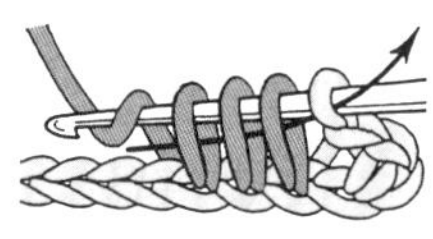

針にかかっている4ループを一度に引き抜く

細編み3目一度が編めたところ

パプコーン編み

指定の目数分の長編みを編んで針をはずす

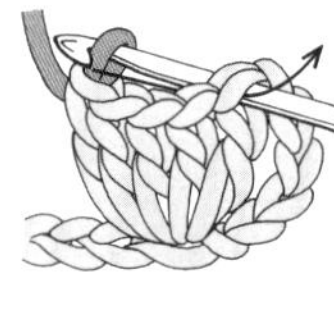

最初の目の上部に手前から針を入れ、はずした目を引き抜く

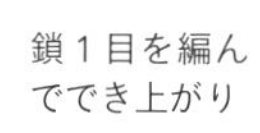

鎖1目を編んででき上がり

鎖3目のピコット編み

1

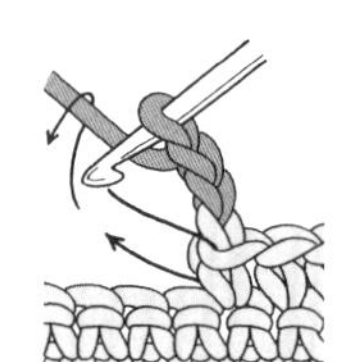

ピコットをする位置で鎖3目を編み、矢印のように針を入れる

2

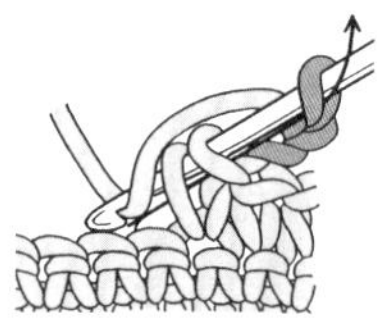

針に糸をかけて一度に引き抜くと、丸いこぶができる

3

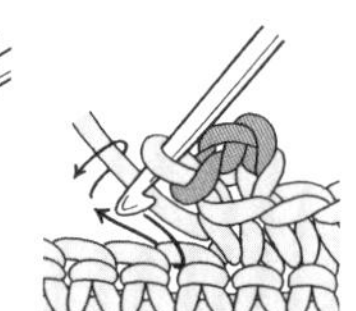

指定の間隔でピコットをくり返す

表引き上げ編み

●図は長編み。編み目が変わっても同じ要領

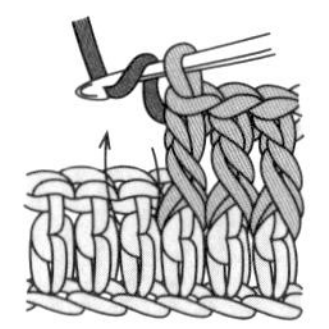

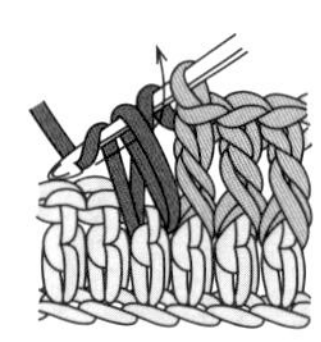

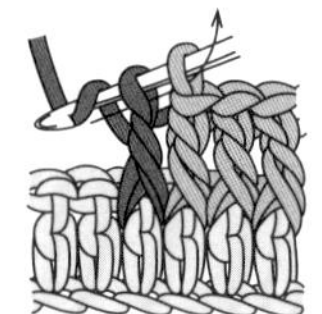

針に糸をかけ、前段の編み目に手前から針を入れて横にすくい、糸を長めに引き出す。針に糸をかけて2ループを引き抜き、もう一度針に糸をかけて2ループを引き抜く

裏引き上げ編み

●図は長編み。編み目が変わっても同じ要領

1

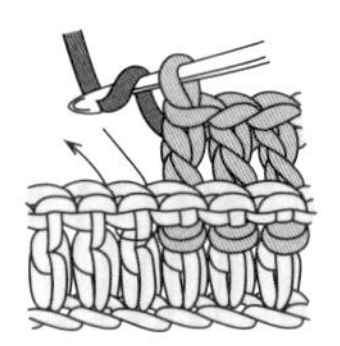

2

3

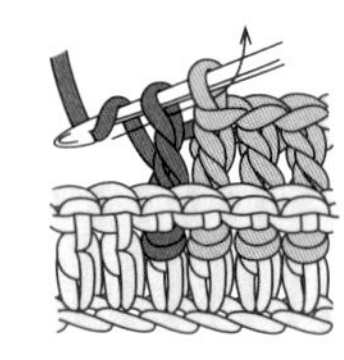

針に糸をかけ、前段の編み目に向こう側から針を入れて横にすくい、糸を長めに引き出す。針に糸をかけて2ループを引き抜き、もう一度針に糸をかけて2ループを引き抜く

巻きはぎ（巻きかがる）

［1目］

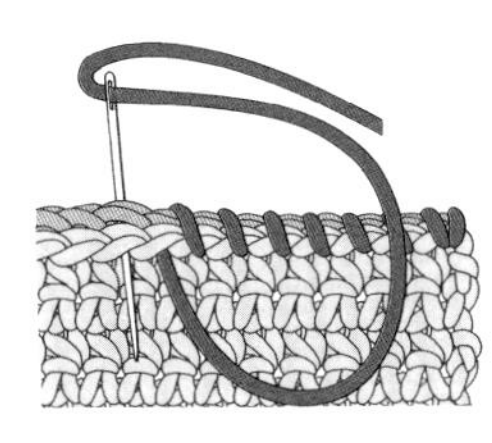

［半目］

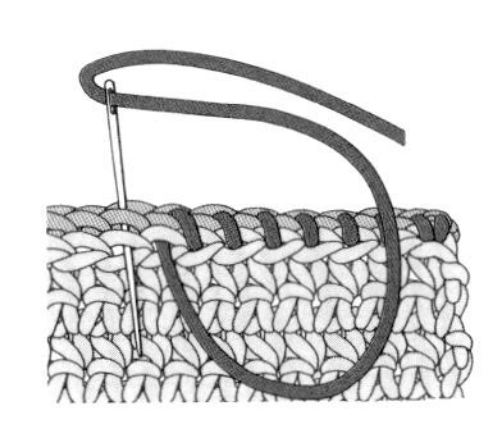

前側と向こう側の目（作品により、1目か半目）をすくうことをくり返す

引き抜き編み

1

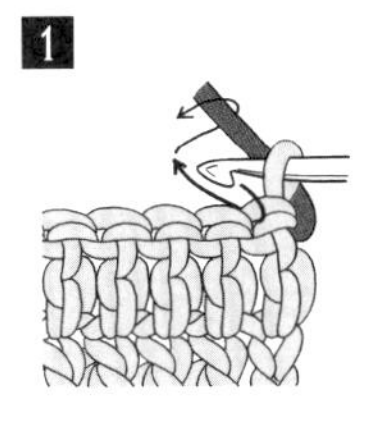

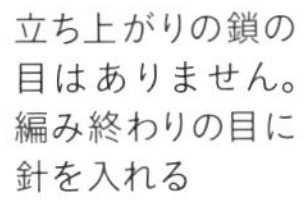

立ち上がりの鎖の目はありません。編み終わりの目に針を入れる

2

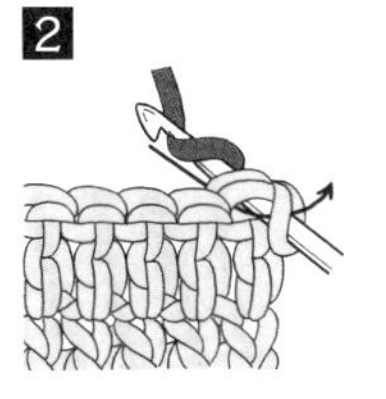

針に糸をかけ、一度に引き抜く

3

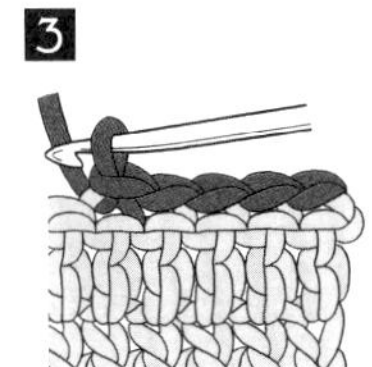

以上をくり返す

巻きとじ

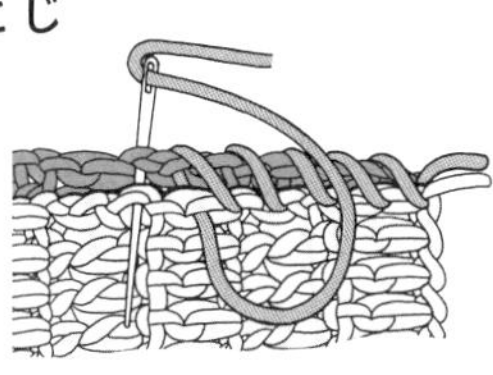

２枚の編み地を中表に合わせ、編み目をそろえる。針を向こう側から手前に出し、長編みの中間と頭の目を交互に、編み地がずれないように注意しながらとじる

長々編みの玉編み ●目数がかわっても同じ要領で編む

1

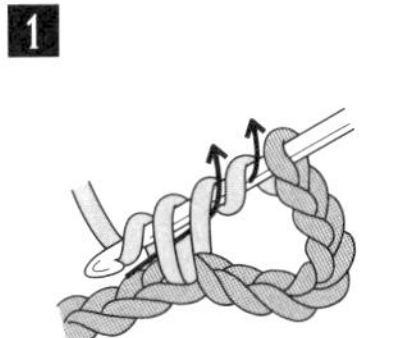

2

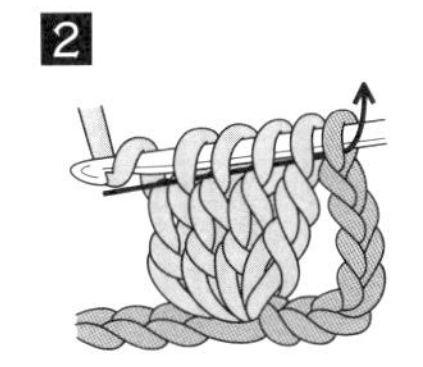

3

長々編みの要領で糸を２回かけた針を入れ、さらに糸をかけて引き出し、2ループずつ２回引き抜く。これを指定の目数分くり返したら針に糸をかけ、針にかかったループを一度に引き抜く

配色糸のかえ方

1

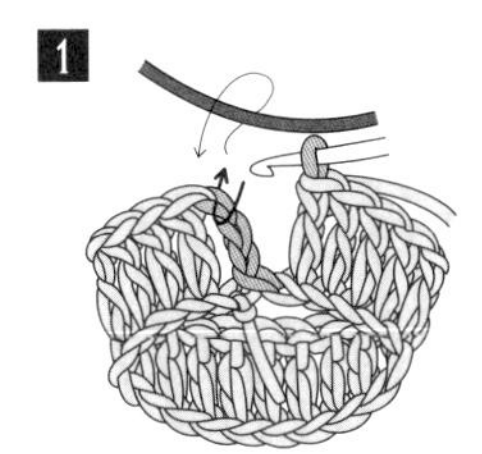

2

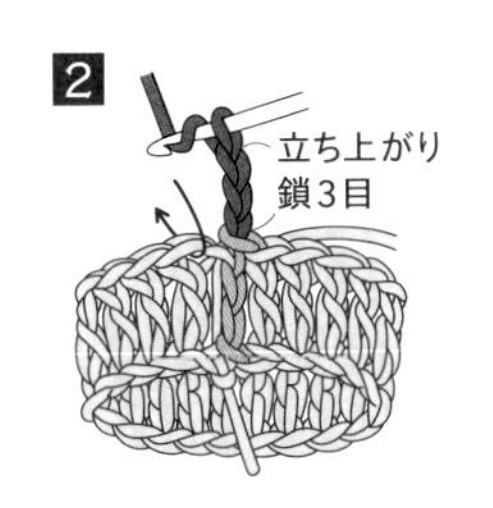

3

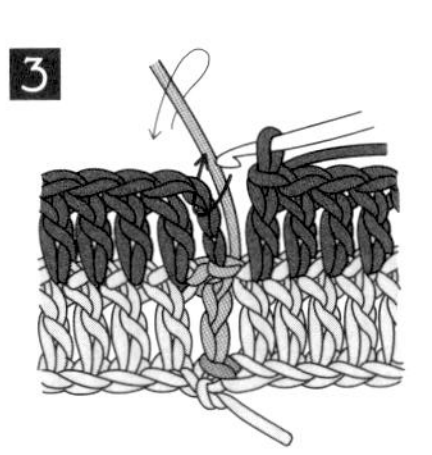

長編み最後の引き抜きをするときに配色糸にかえて引き抜き、次の段の立ち上がり鎖３目を編む。地糸に戻すときは休めておいた糸を持ち上げて地糸で引き抜く

引き抜き編みひも

1 ★折り返して鎖の背の山をすくって引き抜く

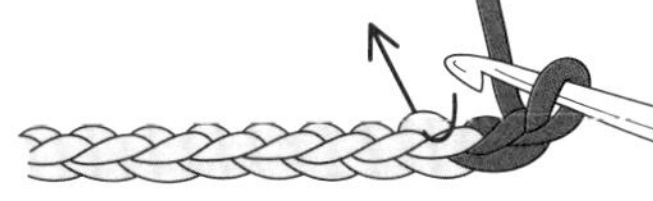

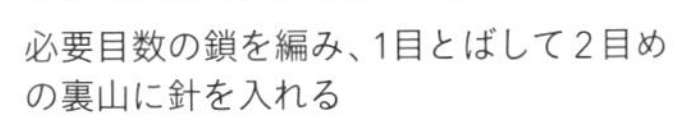

必要目数の鎖を編み、1目とばして２目めの裏山に針を入れる

2

糸をかけて引き抜く

3

裏山に針を入れて**2**をくり返す

えび編みコード

1

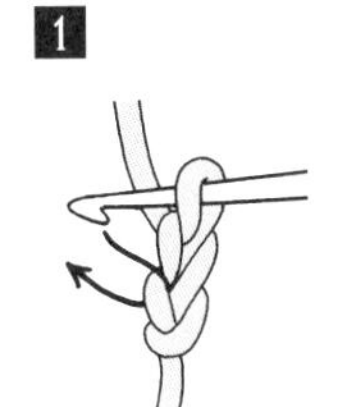

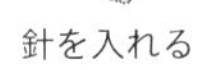

針を入れる

2

細編みを編んで回す

3

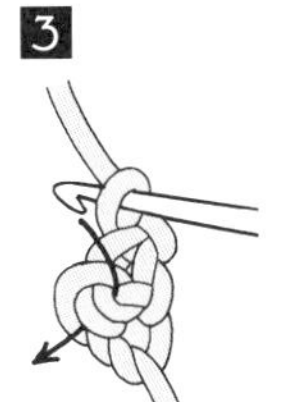

針を入れる

4

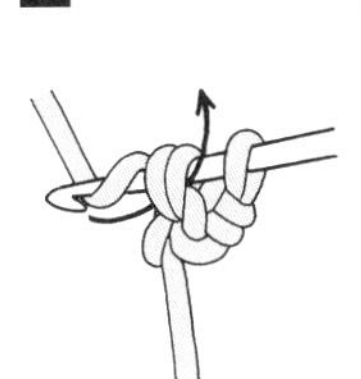

針に糸をかけて引き抜く

5

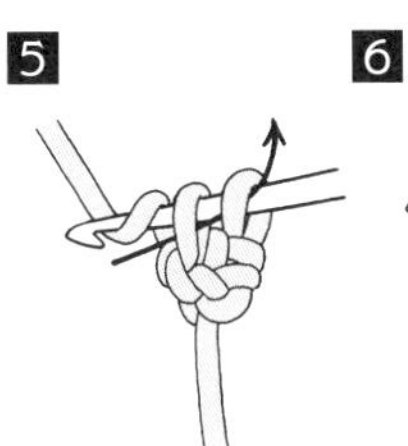

もう一度引き抜く

6

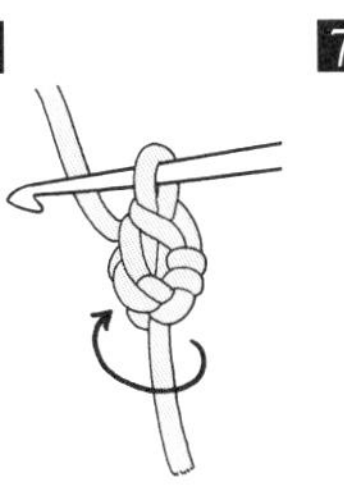

回す

7

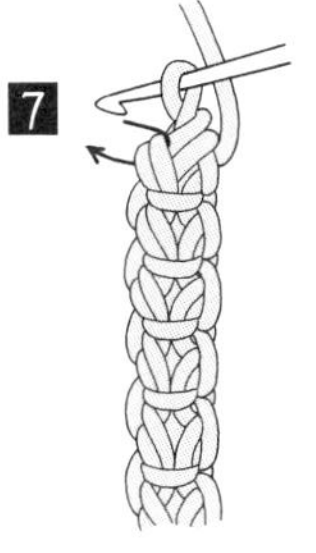

3～**6**をくり返す

モチーフのつなぎ方

引き抜き編みでつなぐ場合

1枚めのモチーフを編む。2枚めは指定位置で1枚めに上から針を入れ、引き抜き編みをきつめに編む。次の目からは図のとおりに編み進む

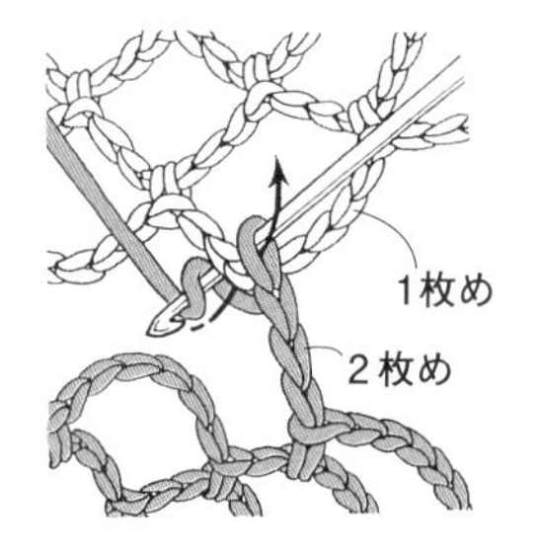

巻きはぎでつなぐ場合

モチーフどうしを突き合わせ、向かい合った目をすくってひと針ごとに糸を引く。横方向を全部つなぎ、次にたて方向をつなぐ。すべて同色でつなぐ場合は、4枚のモチーフ中央は図のように針を入れると穴があかずによい

タッセルの作り方

1

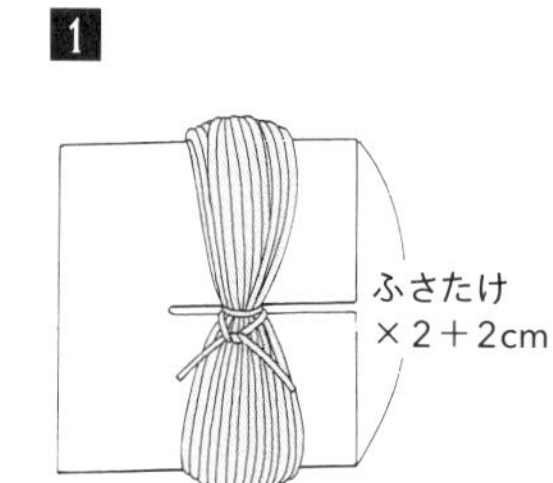

巻いた糸を中央で結ぶ

2

中央で結んだ糸にコードを結びつける

3

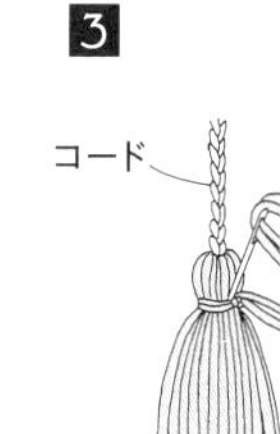

ふさを二つに折り、共糸で結んで糸端を中に入れ、ふさの先を切りそろえる

ポンポンの作り方

1

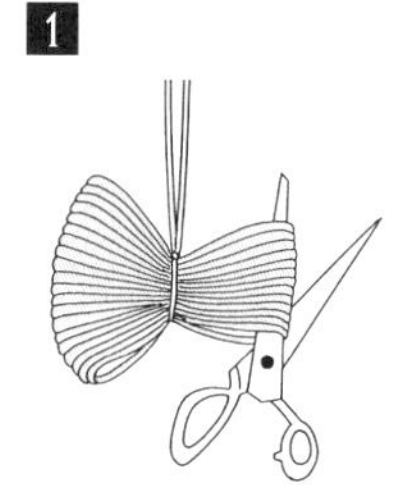

ポンポンの直径に1cm加えた幅の厚紙に、糸を指定回数巻く。厚紙をはずして中央を結び、両端の輪を切る

2

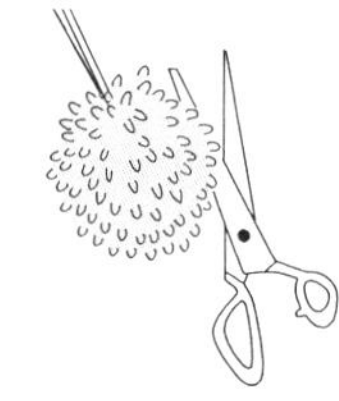

形良く切りそろえる

3

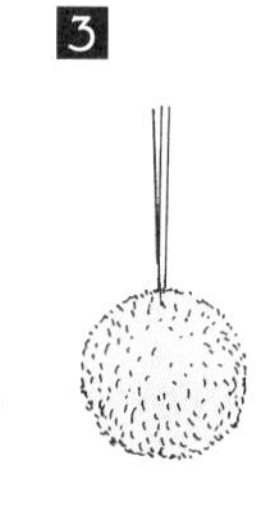

中央の糸でとじつける

フリンジの結び方

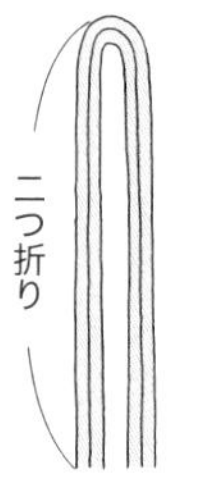

フリンジたけの2倍の長さに約3cm加えて切る

2

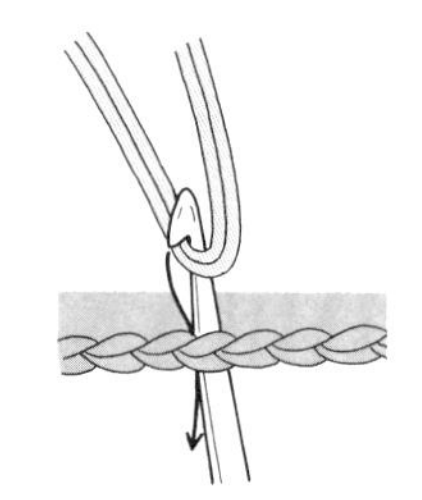

裏側からかぎ針を入れ、二つ折りの糸を引き出す

3

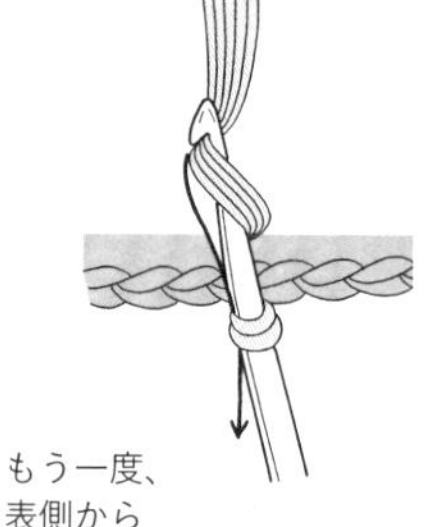

もう一度、表側からまとめて引き出す

4

記号の見方

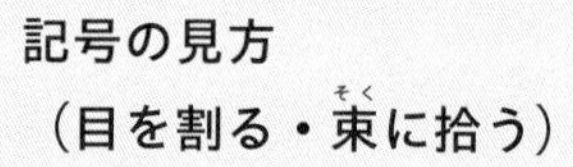

（目を割る・束（そく）に拾う）

〈根元がついている場合〉

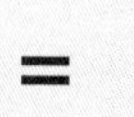

前段の鎖の目を割って針を入れて編む

〈根元が離れている場合〉

前段の鎖の目を割らずに
ループ全体を束（そく）に拾って編む

刺しゅうの基礎

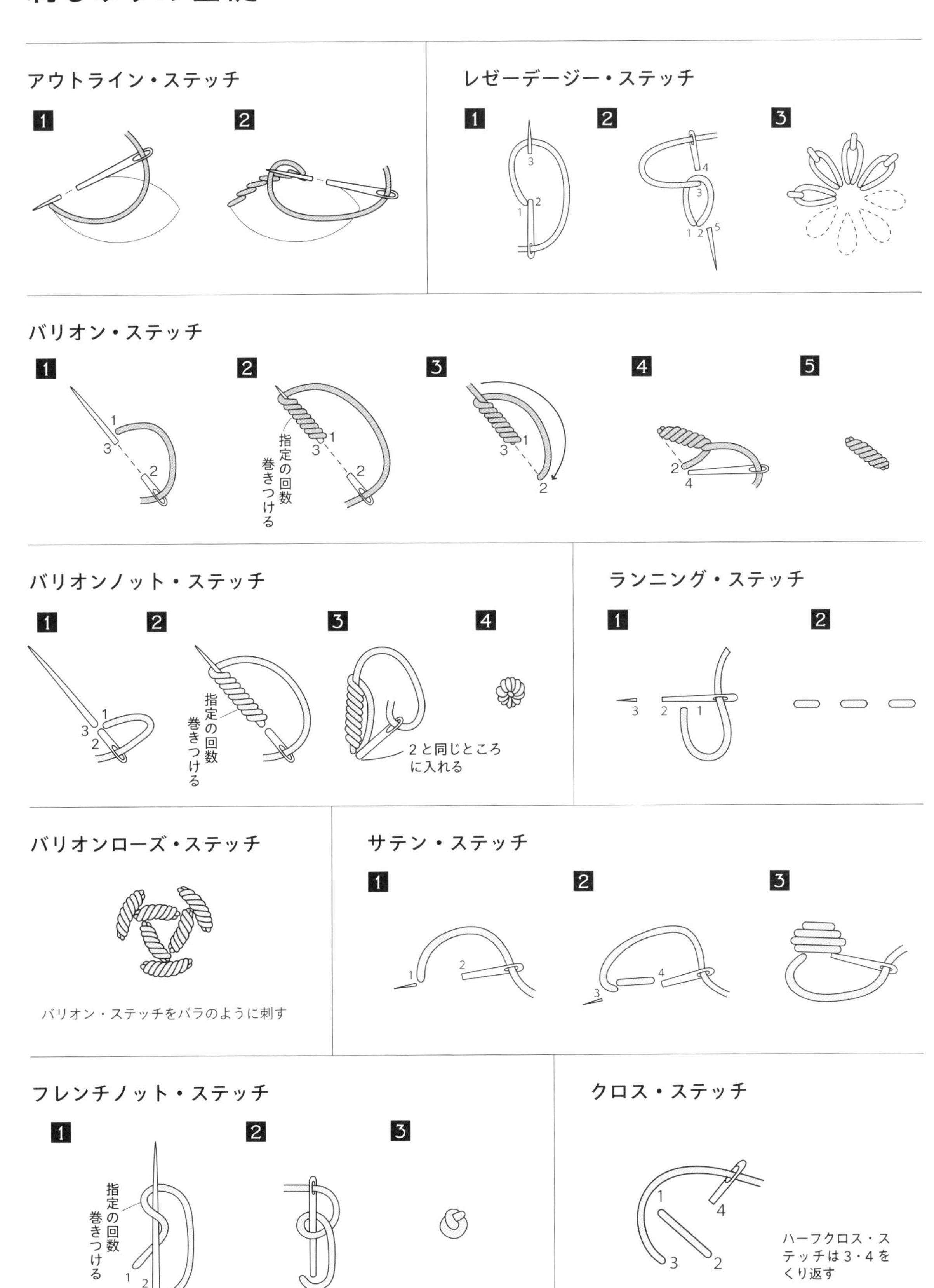
アウトライン・ステッチ
1
2
レゼーデージー・ステッチ
1
3
2
1
2
4
3
1 2
5
3
バリオン・ステッチ
1
1
3
2
2
指定の回数
巻きつける
1
3
2
3
1
3
2
4
2
4
5
バリオンノット・ステッチ
1
1
3
2
2
指定の回数
巻きつける
3
2と同じところ
に入れる
4
ランニング・ステッチ
1
3
2
1
2
バリオンローズ・ステッチ
バリオン・ステッチをバラのように刺す
サテン・ステッチ
1
1
2
2
4
3
3
フレンチノット・ステッチ
1
指定の回数
巻きつける
1
2
2
3
クロス・ステッチ
1
4
3
2
ハーフクロス・ス
テッチは3・4を
くり返す

● カバー
デザイン／柿沼みさと

● 本文
デザイン／柿沼みさと
撮影／伊藤ゆうじ　澤﨑信孝　関根明生　蜂巣文香
モデル／植田紗々　雑貨アカネ　春菜メロディー　Emilia

● 企画・編集
荷見弘子　水口あきこ　丸尾利美

● 編集担当
尾形和華（成美堂出版編集部）

本書は、先に発行の「了戒かずこのかわいい毛糸小もの」と「手編み大好き！」の中から、特に好評だった作品を再編集した一冊です。

かぎ針編みの花モチーフと小物

編　者　成美堂出版編集部
発行者　深見公子
発行所　成美堂出版
〒162-8445　東京都新宿区新小川町1-7
電話(03)5206-8151　FAX(03)5206-8159
印　刷　大日本印刷株式会社

©SEIBIDO SHUPPAN 2023　PRINTED IN JAPAN

ISBN978-4-415-33345-8
落丁･乱丁などの不良本はお取り替えします
定価はカバーに表示してあります

•本書および本書の付属物を無断で複写、複製(コピー)、引用することは著作権法上での例外を除き禁じられています。また代行業者等の第三者に依頼してスキャンやデジタル化することは、たとえ個人や家庭内の利用であっても一切認められておりません。